SILVIC

Trading Controlado

10 leyes

para controlar el mercado

info@silvioluppi.it

Contenido

Prólogo

En los últimos años el mundo del trading online ha sufrido cambios significativos, y no me refiero a los mercados, sino a las políticas de marketing utilizadas por los distintos brokers que han llevado a muchas personas, deseosas de cambiar su estilo de vida, a saltar a este mundo pensando que podrían ganar dinero fácilmente desde casa con solo hacer un par de clics bien pensados... ¡Desafortunadamente este no es el caso! El trading requiere mucho estudio, tiempo, compromiso, disciplina y mucha dedicación. Por lo tanto, sólo los mejores pueden cumplir el mito de los clics lucrativos en la costa de la Polinesia.

Introducción

Decidí escribir este libro, el cual puede ser considerado como un conjunto de reglas, para llevar al trader más allá de ese límite que divide a los que ganan dinero de los que lo pierden dentro de los mercados financieros. Este es mi objetivo.

No quiero repetir la vieja historia que he escuchado mil veces: "el 90% de los que operan en la bolsa de valores pierden dinero". Lo que quiero mostrarles son las técnicas que realmente marcan la diferencia entre ganar y perder dinero, así puedes unirte a ese famoso 10% que todos los traders desean.

Este libro está dividido en dos secciones:

-La primera parte está dirigida a aquellos que están ansiosos por iniciar un camino de aprendizaje, ya que en estos capítulos también recomiendo libros, manuales, sitios y canales de youtube para visitar y estudiar con el objetivo de recibir una formación lo más rica y completa posible.

-La segunda parte, en cambio, está dirigida a aquellos que ya hacen trading en línea, que hacen uso del análisis técnico y que pierden el dinero y el control frente al monitor, posiblemente por no haber concretado la posición antes o por no dejarla correr cuando era rentable.

Escribí este libro porque es el libro que me hubiera gustado tener cuando empecé a hacer trading sin éxito. De hecho, a pesar de haber estudiado muchos volúmenes de análisis técnico como nunca antes para obtener resultados positivos, no pude ganar dinero, en realidad perdí dinero... Y TODO ESO FUE UNA LOCURA... Estudié, pasé tiempo, esfuerzo y finalmente, también perdí dinero...

¿Te ves a ti mismo reflejado en este ejemplo?

Bueno, este libro tiene como objetivo revelar esos secretos, que en realidad no son secretos, pero si nadie te los dice se quedan así, los cuales te ayudarán a tener siempre el control del mercado y a convertirte en un trader exitoso.

Capítulo 1

Análisis técnico básico

Este capítulo está destinado a aquellos que han descubierto este libro sin tener ningún conocimiento previo del análisis técnico, ya sea que lo hayan comprado, encontrado o lo hayan recogido de una canasta. Tengo el deber de darles - al menos - la información básica para que puedan entender lo que escribí.

Todos los lectores que ya estén familiarizados con los fundamentos del trading pueden saltar directamente al capítulo dos, aunque un repaso no le hará daño a nadie.

1.1 Tipos de análisis

Hay dos métodos utilizados por los traders para ingresar a los diferentes mercados de la bolsa de valores, los cuales son:

- Análisis fundamental: pretende determinar el valor de un instrumento financiero analizándolo todo, por ejemplo, el balance de una empresa si se comercia con acciones, o las previsiones sobre el tipo de interés si se comercia con divisas. Todo esto se hace para entender si un instrumento financiero en particular está sobre o subestimado. Es importante subrayar que las noticias en sí no afectan tanto a los mercados, sino las reacciones de los traders a dichas noticias.

- Análisis técnico: estudia el movimiento del mercado mediante el uso sistemático de gráficos para predecir las tendencias futuras de los precios. Este libro está totalmente dedicado a esto.

1.2 Instrumentos financieros

En cuanto a los instrumentos financieros que se pueden negociar en las diversas plataformas en línea y a los que se puede recurrir con un enfoque técnico, estos son:

- Commodities: El petróleo, el oro, la plata, el gas natural, el trigo, el algodón, el café, etc. forman parte de este grupo.
- Índices: Se trata de conjuntos de acciones que representan el rendimiento medio de las acciones, dando mayor peso a las de mayor capitalización y viceversa. Los principales índices son el FTSMIB, DAX 30, Nasdaq, etc.
- Forex: Esta categoría incluye todos los tipos de cambio de divisas, por ejemplo, EUR/GBP, EUR/USD, USD/CAD, EUR/JPY, etc.
- Las acciones: Instrumento financiero que representa la fracción mínima de participación en el capital social de una empresa. Mediante plataformas online es posible intercambiar acciones de las principales empresas del mundo, como Apple, Amazon, McDonald 's, Deutsche Bank, Telecom Italia, etc.
- Opciones: Se trata de instrumentos financieros derivados que dan al propietario el derecho de comprar o vender un activo subyacente específico a un precio fijo dentro del vencimiento de la propia opción. Por lo tanto, las opciones están asociadas a

activos subyacentes, por ejemplo, acciones o índices, que determinan sus precios.

- Criptomoneda: Estas son todas las monedas virtuales que proporcionan operaciones seguras y autónomas. Se convirtieron en parte de los instrumentos financieros hace unos años, y son muy volátiles. Las principales son: Bitcoin, Ripple, Litecoin y Ethereum.

El análisis técnico ofrece a los operadores la posibilidad de analizar todos estos instrumentos financieros, pero los más adecuados son: las divisas, los commodities y los índices. En lo que respecta a las acciones, cabe señalar que este mercado es más fácil de manipular, ya que es mucho más difícil para los operadores conocer las diferentes dinámicas entre empresas, por lo que incluso un análisis gráfico específico podría llevar a no obtener los beneficios esperados.

1.3 Gráficos

Antes de mostrarles los gráficos, vale la pena mencionar que todas las imágenes que usaré en este libro son de mi perfil personal en la plataforma de Tradingview.com.

También me gustaría aclarar algunas cosas para una mejor lectura de los gráficos:

- Como acabo de decir, todas las imágenes son de mi perfil personal en la plataforma de Tradingview.com.

- Elegí usar el color blanco y negro para facilitar al lector la comprensión de estos gráficos. Por supuesto, dentro de la plataforma de Tradingview.com puedes seleccionar libremente los colores que quieras.

- El gráfico de velas de cuerpo blanco y de borde negro son los más importantes.

- El gráfico de velas de cuerpo negro y de borde blanco son los más importantes.

- Las líneas negras del gráfico representan los soportes y las resistencias estáticas y dinámicas.

- A excepción de los dos primeros gráficos, en las siguientes imágenes no se informa del nivel de precios en el momento de la captura de pantalla, ya que busqué los mejores gráficos de análisis y operaciones pasadas. Como resultado, el precio en el momento de la captura de pantalla, además de ser inútil, solo causaría mucha confusión.

A lo largo de los años en el campo del análisis técnico se han creado muchos tipos de gráficos, todos con características diferentes, pero con el mismo propósito, a saber, representar los movimientos de los precios de la manera más simple y al mismo tiempo más completa. Los dos gráficos más famosos y más utilizados por los operadores son:

- Gráfico lineal: Este tipo de gráfico es el más fácil de dibujar, de hecho solo examina el precio de cierre de la herramienta financiera tomada en consideración. Su principal propósito es proporcionar la dirección primaria de los precios.

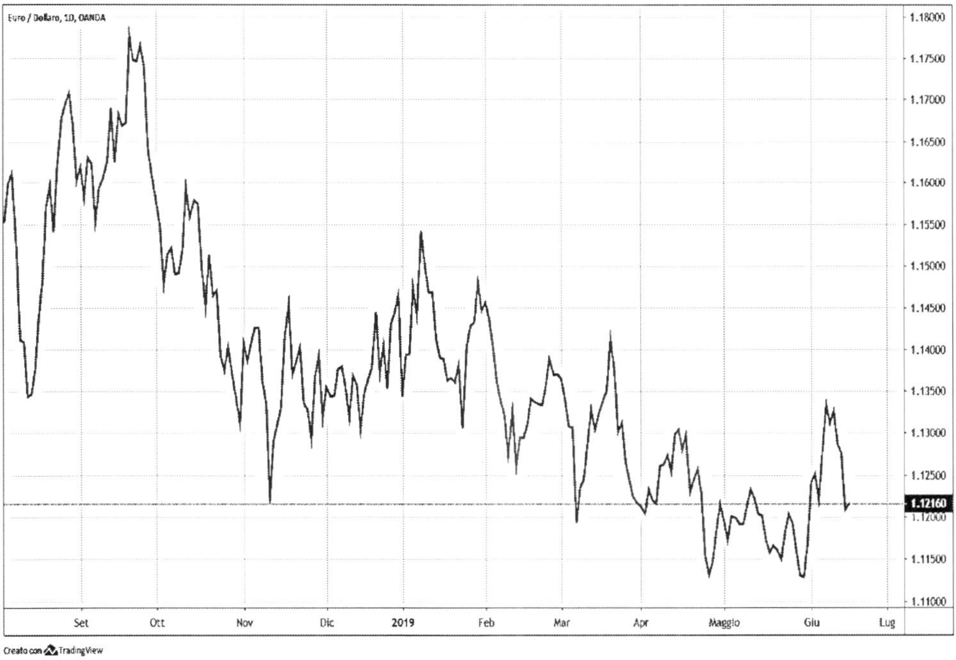

Imagen 1.1: Gráfico lineal

La imagen de arriba es un ejemplo de un gráfico lineal. Como pueden leer en la parte superior izquierda estamos en el tipo de cambio euro/dólar en el marco de tiempo diario. El número que ves resaltado a la derecha del gráfico (1.12160) es el valor del tipo de cambio cuando tomé la captura de pantalla de mi ordenador.

- Gráfico de velas: Este tipo de gráfico es uno de los más utilizados gracias a la completitud que ofrecen las velas japonesas.

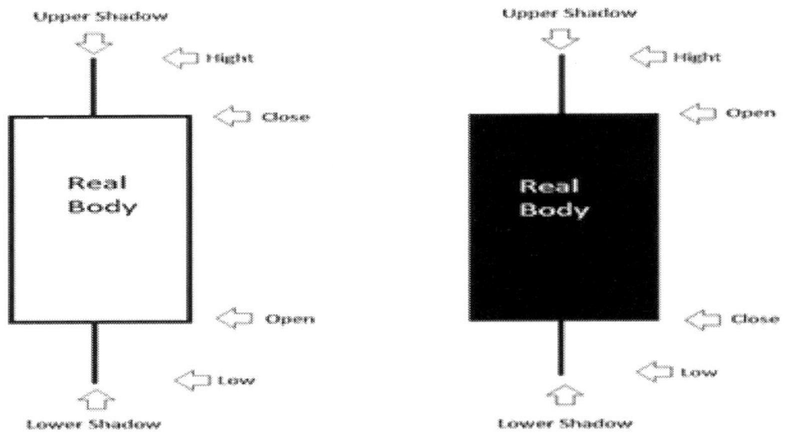

Imagen 1.2: Gráfico de velas japonés

Como pueden ver en la imagen de arriba, las velas están compuestas por dos elementos: un cuerpo central llamado cuerpo real, que representa la distancia entre el precio de apertura y el precio de cierre (será blanco si la sesión ha sido positiva, mientras que será negro si ha sido negativa), y dos sombras que son líneas finas que representan el precio máximo (upper shadow) y el precio mínimo (lower shadow) reportados durante la sesión. Utilizando el gráfico de velas se pueden encontrar fácilmente señales de continuación o inversión de la tendencia, razón por la cual muchos traders estudian los mercados con este tipo de gráfico.

Creato con TradingView

Imagen 1.3: Gráfico de velas

El gráfico anterior es un ejemplo de un gráfico de velas del tipo de cambio euro/dólar de Nueva Zelanda en un marco temporal diario. El marco temporal diario significa que cada vela representa un día de trading. El marco de tiempo puede ser definido libremente por el trader, los más utilizados son los marcos de tiempo de una hora, cuatro horas, diarios y semanales. El número que se muestra a la derecha del gráfico, 1,67583, es el valor del tipo de cambio en el momento en que hice la captura de pantalla. Este tipo de gráfico permite a los operadores no solo entender el valor de mercado, como el gráfico lineal, sino también el comportamiento de los precios registrados durante toda la sesión comercial.

1.4 ¿Qué es una tendencia?

Por tendencia nos referimos al movimiento del mercado, que puede ser de tres tipos:

- **Alcista:** cuando los precios se mueven al alza, es decir, a lo largo del tiempo, están subiendo a lo más alto y a lo más bajo.

Imagen 1.4: Tendencia alcista

- **Bajista:** cuando los precios muestran un movimiento a la baja, es decir, con el tiempo muestran máximos y mínimos más bajos.

Imagen 1.5: Tendencia bajista

- **Lateral:** cuando los precios se mueven dentro de un rango bien definido, es decir, a lo largo del tiempo siempre oscilan entre los mismos valores sin mostrar una variación de máximos o mínimos.

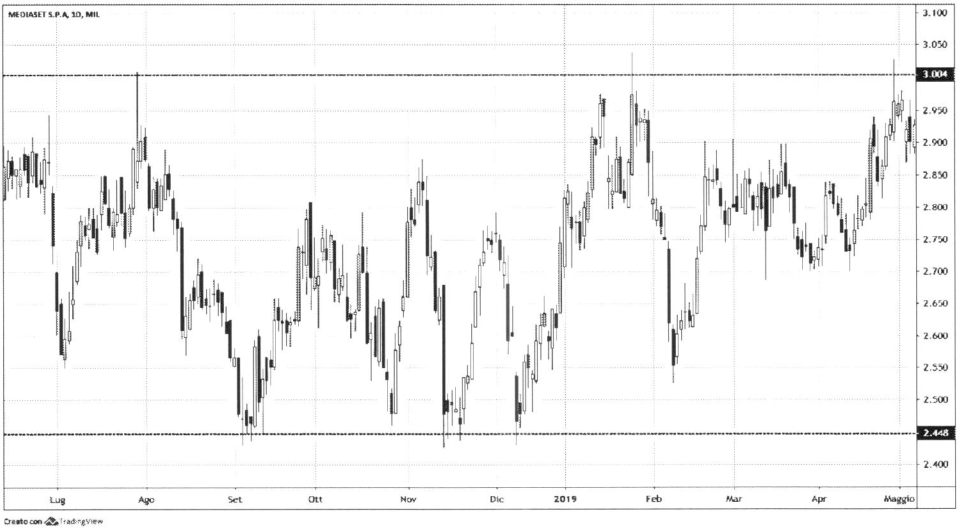

Imagen 1.6: Tendencia lateral

El objetivo del analista es encontrar la tendencia principal y seguirla hasta que muestre signos evidentes de inversión, en efecto, es más probable que una tendencia tenga una tendencia continua que una inversión inesperada. De esta consideración nace una de las frases más importantes de todo el análisis técnico: **LA TENDENCIA ES TU AMIGA.**

En cuanto a las operaciones en la bolsa de valores, hay dos tipos de operaciones que un analista puede hacer: se llaman largas cuando el trader compra un instrumento financiero e intentará venderlo una vez que tenga un precio más alto en el mercado, o cortas cuando el trader vende un instrumento financiero sin poseerlo y más tarde, intentará comprarlo a un precio más bajo para obtener un beneficio. Esencialmente, el trader abrirá posiciones largas cuando crea que los precios pueden subir y posiciones cortas cuando crea que los precios bajarán.

1.5 Stop Loss y Take Profit

Todo analista que trabaje en los mercados financieros siempre debe considerar antes de abrir una posición cuánto está dispuesto a perder si la inversión es incorrecta, y cuánto podría potencialmente ganar. Es por eso que en cada operación es importante establecer el "stop loss" y el "take profit".

Establecer un stop loss significa fijar un límite a las pérdidas de una inversión equivocada. En caso de que el valor establecido sea alcanzado por los precios, entonces la posición se cerrará de inmediato y automáticamente, también es esencial tener en cuenta algunos criterios al establecerla.

En primer lugar, el stop loss debe ser sostenible, por lo que no debe afectar significativamente al capital del trader, esto es, si un inversor tiene un capital total de 1000 euros no puede permitirse colocar un stop loss con una pérdida potencial de 600 euros, porque si se ve afectado por los precios su capital se vería considerablemente afectado.

En segundo lugar, el stop loss debe estar bien fijado, siguiendo las principales reglas del análisis técnico.

En tercer lugar, una vez que el stop loss es colocado por el trader, nunca debe ser retirado o movido, de lo contrario podría tener consecuencias catastróficas para el capital disponible. Por último, el stop loss debe estar siempre posicionado en cualquier instrumento financiero, porque el mercado podría en cualquier momento hacer movimientos repentinos e impredecibles que podrían dar lugar a enormes pérdidas.

Por otro lado, establecer un take profit significa fijar un límite a los beneficios potenciales, ya que el stop loss una vez que se toca el valor establecido de los precios, la posición se cierra inmediatamente. También en este caso es muy importante que la toma de beneficios se fije siempre correctamente y que nunca se elimine o se mueva. Aunque al principio la toma de beneficios no parezca muy importante, se convierte en clave cuando un operador tiene que planificar sus inversiones, por lo que debe tratar de predecir de antemano cuánto le beneficiará una determinada posición.

1.6 Soporte y resistencia

El soporte y la resistencia son niveles de precios en los que existe un equilibrio entre la fuerza de la oferta y la demanda, por lo que la formación de los mismos se convierte en una excelente oportunidad para que los traders comprendan la tendencia del mercado y puedan beneficiarse de ella. El soporte y la resistencia pueden ser tanto estáticos como dinámicos, para estos últimos el término más apropiado es línea de tendencia. Desde el punto de vista gráfico son líneas rectas que combinan varios niveles de precios que son dibujados por el analista con la función de facilitar los movimientos del mercado. Para explicar mejor cada situación y entender cómo actuar cuando se está en una de ellas es mejor hacer una distinción caso por caso:

- Soporte estático: Normalmente se produce dentro de una tendencia bajista o dentro de un período lateral, es un nivel de precios en el que el interés de los compradores se hace lo suficientemente fuerte como para superar la presión de los vendedores, la consecuencia será un paro de la tendencia bajista y un aumento de los precios.

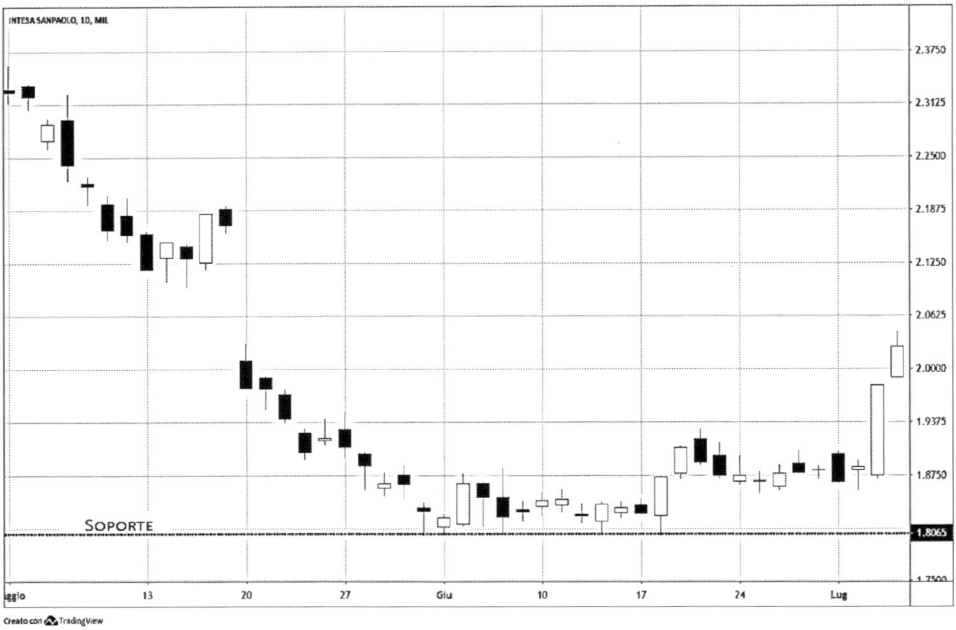

Imagen 1.7: Soporte estático

La imagen de arriba es el gráfico diario de las acciones de Intesa Sanpaolo. Como pueden ver, los precios han tocado varias veces, para ser precisos 5 veces, el soporte, es decir, la línea recta horizontal que dibujé a la altura de 1,8065 y a partir de ahí se extienden hacia arriba. Me gustaría especificar que no siempre los precios rebotan en los soportes, de hecho, a veces estos últimos vienen interrumpidos por los precios, esto es una fuerte señal de la continuación de la tendencia bajista. Tomando siempre como ejemplo el diagrama de Intesa Sanpaolo, si los precios hubieran bajado por debajo del nivel de 1.8065 entonces esto habría sido una señal de fuerza de la tendencia bajista.

- Resistencia estática: Suele ocurrir dentro de una tendencia alcista o dentro de una fase lateral, es un nivel de precios en el que el interés de los vendedores se hace lo suficientemente fuerte como para superar la presión de los compradores. La consecuencia será una detención de la subida y una reducción de los precios.

Figura 1.8: Resistencia estática

La imagen de arriba es el gráfico diario del índice americano S&P 500, y como se puede ver, los precios han alcanzado el doble de la resistencia, es decir, la línea horizontal que dibujé en el nivel de 2940,4 y luego de ahí se movieron hacia abajo. Como en el caso del soporte estático, no siempre los precios rebotan en las resistencias, de hecho, a veces son interrumpidos por los precios, esto es una fuerte señal de la continuación de la tendencia alcista.

Considerando siempre el ejemplo del diagrama del S&P 500, si los precios hubieran subido por encima del nivel de 2940,4 entonces esto habría sido una señal de fuerza de la tendencia alcista.

Por favor, recuerda lo que se ha dicho sobre los soportes y resistencias estáticas porque el tema se tratará más adelante en la tercera ley del tercer capítulo.

- Soporte dinámico o línea de tendencia alcista: Se produce dentro de una tendencia alcista y es una herramienta muy útil porque permite al trader combinar dos o más bajos ascendentes a través de una línea inclinada. Este tipo de línea de tendencia detecta niveles de soporte cada vez más altos, lo que proporciona a los analistas señales operacionales claras. Por último, cuanto más tiempo y más puntos de contacto haya, más fuerte y significativa será la tendencia.

Imagen 1.9: Línea de tendencia alcista

El gráfico anterior es un ejemplo del gráfico de velas del tipo de cambio entre el euro y el dólar australiano en el marco de tiempo diario. Como se puede ver claramente en la imagen, los precios han rebotado varias veces en la línea de tendencia alcista, marcando altibajos crecientes a lo largo del tiempo.

- Resistencia dinámica o línea de tendencia bajista: Se produce dentro de una tendencia bajista y es una herramienta muy útil porque permite al trading fusionar dos o más máximos decrecientes a través de una línea inclinada. Este tipo de línea de tendencia encuentra niveles de resistencia cada vez más bajos, lo que proporciona a los analistas señales operacionales claras. Por último, al igual que con la línea de tendencia alcista, cuanto más dura sea con el tiempo y cuantos más puntos de contacto haya, más fuerte y significativa será la tendencia.

Imagen 1.10: Línea de tendencia bajista

El gráfico anterior es un ejemplo del gráfico de velas del tipo de cambio del dólar australiano/dólar estadounidense en un marco temporal diario. Como puede verse claramente en la imagen, los precios han rebotado varias veces en la línea de tendencia bajista, alcanzando máximos y mínimos descendentes a lo largo del tiempo. Esta imagen es muy explicativa en cuanto a lo que permite entender, más allá de la importancia de la línea de tendencia en la definición de la tendencia primaria, también el caso en que estas se rompen, de hecho, la vela blanca que se puede ver en la parte inferior derecha rompe la resistencia dinámica y representa el final de la tendencia bajista y el comienzo de una potencial tendencia alcista.

1.7 Breakout

Típicamente cuando un soporte o resistencia estática o dinámica se rompe por los precios estamos hablando de un BREAKOUT o ruptura. En el gráfico anterior al momento en que la vela blanca supera la línea de tendencia bajista, eso se llama breakout o punto de ruptura.

Veamos en detalle algunas características de los breakouts y cómo sacarles el máximo provecho:

- Cuando se produce la ruptura, tanto de soporte estático como dinámico, se tiene una señal operacional muy fuerte y un operador debe utilizarla para abrir una posición corta, colocando el stop loss por encima del soporte. Esto porque la ruptura confirma que el equilibrio entre compradores y vendedores se ha roto, y estos últimos han tomado el control del mercado.
- Cuando se produce una ruptura de la resistencia tanto estática como dinámica, hay una clara señal operativa y un operador debería utilizarla para abrir posiciones ascendentes, situando el stop loss por debajo de la resistencia. Esto se debe a que, como en el caso anterior, la ruptura demostró que el equilibrio entre compradores y vendedores se rompió, y los primeros tomaron el control.
- En tercer lugar, es importante destacar que cuando una resistencia estática se rompe hacia arriba se convierte en un nivel de precios importante y se convierte en un soporte estático. Y viceversa

ocurre cuando se rompe a la baja un soporte.

- Un retest sobre el soporte o la resistencia se define como el momento en que los precios, una vez que se rompe una resistencia o un soporte, hacen una corrección y vuelven a impactar en lo que se ha convertido en el nuevo soporte o resistencia, como en el punto 3 del gráfico siguiente. Cuando se produce la retest es definitivamente el mejor momento en que un operador puede posicionarse en el mercado, de hecho, en ese mismo momento tiene la mejor relación riesgo/rendimiento. Tomando el gráfico de abajo como ejemplo, la mejor operación es entrar en largo una vez que los precios se han ido para volver a probar la resistencia rota en precedencia, es decir, el nuevo soporte, colocando el stop loss por debajo del propio soporte.

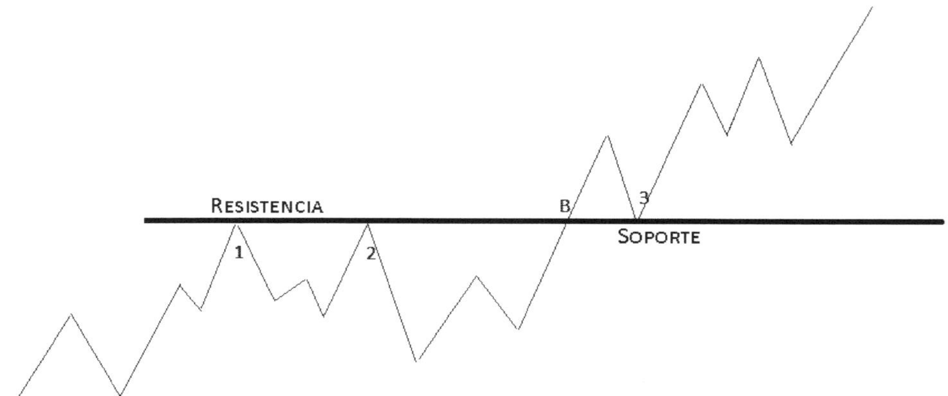

Imagen 1.11: Retest de la prueba después de la ruptura de una resistencia estática

- El retest ocurre muy a menudo incluso después de una ruptura de la línea de tendencia. En este caso los precios una vez que se rompe una línea de tendencia para subir o bajar tienden a golpearla una última vez antes de proceder en la dirección del rompimiento, como en el punto 4 de la imagen de abajo. Como en el caso de los soportes y las resistencias estáticas representa el mejor momento para entrar en el mercado con una excelente relación riesgo/rendimiento.

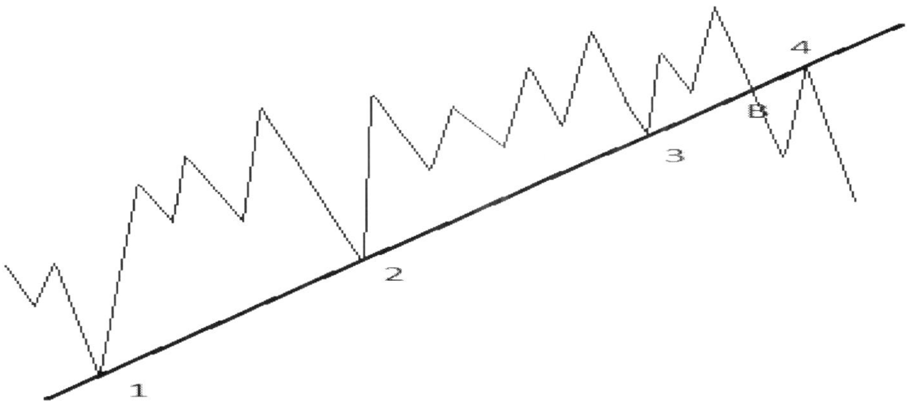

Imagen 1.12: Retest después de una ruptura en una línea de tendencia alcista

- El soporte y la resistencia no siempre se vuelven a probar, por lo que el trader que espera la prueba de la mejor relación riesgo/rendimiento no siempre puede entrar en la posición. Personalmente prefiero y aconsejo esperar, para evitar stop loss demasiado grandes, ya que cuando los soportes y las resistencias se rompen suelen hacerlo con volúmenes elevados.
- Es esencial cuando se trabaja con soportes y resistencias esperar

hasta el final del día para tener la confirmación de la ruptura, de hecho puede suceder que la sombra de una vela supere el soporte, pero no el cuerpo de la misma. En este caso el trader no tiene que operar porque el gráfico nos está diciendo que por un momento los vendedores se han hecho cargo, pero la situación vuelve a estar en equilibrio al final del día, por lo que no hay señales seguras. Lo mismo se aplica en caso de estar en presencia de resistencias primarias y secundarias.

1.8 Análisis de un gráfico de velas

El gráfico de velas es uno de los tipos de gráficos más importantes y más utilizados para el análisis de los mercados financieros, especialmente para el swing trading y el day trading, porque proporciona importantes indicaciones operativas, difíciles de encontrar en otros tipos de gráficos. El aspecto principal de las velas japonesas es que ofrecen una comprensión inmediata de la dinámica psicológica que se produce a corto plazo, lo que permite a los analistas estudiar los efectos de lo que ocurre en el mercado y no las causas que los generaron. De hecho, el análisis de las velas pone de relieve la interacción entre compradores y vendedores, proporcionando también importantes señales operacionales que, si se explotan adecuadamente, pueden dar lugar a importantes ganancias. Existen numerosos tipos de velas, a continuación describiré sólo las principales:

- Standard line: Estas son las velas más clásicas que se encuentran más comúnmente en los mercados financieros. Esta categoría se subdivide a su vez en velas long line y velas short line, ambas pueden ser tanto positivas (blancas) como negativas (negras). Las long lines se reconocen porque tienen un cuerpo real largo y son generalmente una confirmación de la dirección de la tendencia principal como expresión de un día de movimiento. Las short lines introducen una diferencia mínima entre los precios de apertura y los de cierre, por lo tanto, tienen un cuerpo real reducido, son velas típicas de indecisión. Por último, en lo que respecta a todas las standard lines, las sombras no son particularmente importantes.

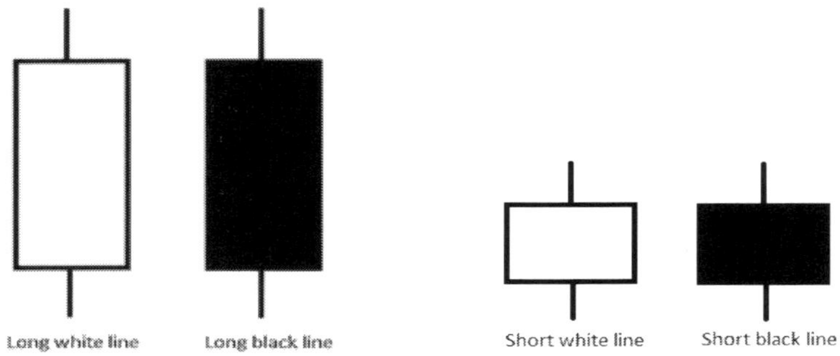

Imagen 1.13: Long standard line y short standard line

- Spinning top: Son velas que presentan un cuerpo relativamente pequeño y sombras largas, cuando se forman en los mercados muestran un equilibrio entre compradores y vendedores, el color del cuerpo de la vela no es particularmente importante: Por último hay que destacar que cuando están al final de una fase de movimiento asumen el nombre de star, ya que contribuyen a la formación de una señal de inversión.

Imagen 1.14: Spinning top

- Doji: Estas velas se forman cuando el precio de apertura es el mismo que el de cierre, por lo tanto, no tienen cuerpo real, sino solo sombras largas. Cuando se crean indican una fase de incertidumbre, pero también pueden constituir una pausa en una tendencia marcada. Según su estructura gráfica se pueden clasificar en cinco categorías diferentes:
  - Neutral doji: Vela que presenta un cuerpo muy pequeño y dos sombras de longitud modesta. Indica una fase de indecisión con baja volatilidad.
  - Long-doji: Vela idéntica a la neutral doji, con la única diferencia de que tiene dos sombras más largas. Indica un equilibrio entre compradores y vendedores con una alta volatilidad.
  - Gravestone doji: Vela que presenta una correspondencia entre el precio de apertura, el precio de cierre y el mínimo registrado durante el día, pero con una sombra superior larga. Cuando se produce al final de una tendencia alcista indica que los compradores trataron de empujar el valor de la herramienta financiera hacia arriba, pero fueron rechazados por los vendedores. El gravestone doji se considera una vela de inversión bajista y a menudo indica la presencia de resistencia.
  - Dragonfly doji: Una vela que presenta una correspondencia entre el precio de apertura, el precio de cierre y el máximo registrado durante el día, pero con una sombra inferior larga. Cuando ocurre al final de una tendencia bajista, señala que los vendedores han tratado de bajar el valor de la herramienta financiera, pero han sido

rechazados por los compradores. El dragonfly doji se considera una vela de inversión alcista y a menudo indica la presencia de soporte.

- Four-price doji: Una vela que se forma cuando los cuatro precios, es decir, la apertura, el cierre, el máximo y el mínimo coinciden. Es una forma que se ve muy raramente en los mercados financieros e indica una ausencia de volatilidad y una gran incertidumbre.

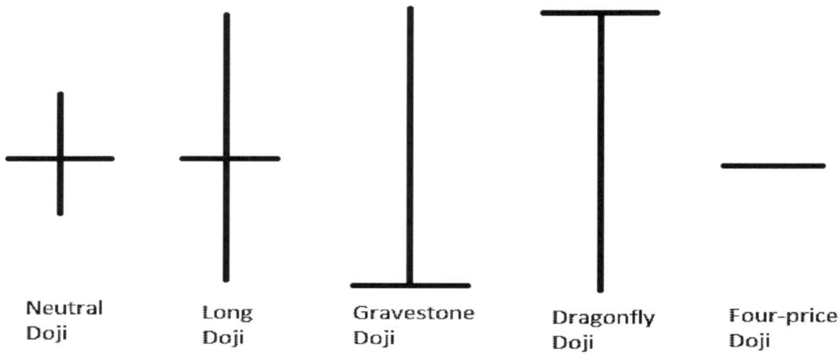

Imagen 1.15: Los cinco tipos de doji

- Hanging man y Hammer: Estas dos velas tienen la misma estructura visual que es un cuerpo real ubicado solo en la parte superior de la vela y una larga sombra inferior. El Hanging Man y el Hammer tienen diferentes significados para los operadores dependiendo del color del cuerpo real y su posición dentro del gráfico. En cuanto al primero, se produce al final de una tendencia alcista, con un cuerpo real negro, y proporciona una señal de inversión, más precisamente cuando se encuentra es correcto hablar de corrección, ya que es solo una señal de pausa de la tendencia principal, por lo tanto para los analistas, es apropiado cerrar cualquier posición larga y esperar las señales del mercado. El Hammer, por el contrario, se encuentra al final de una tendencia bajista, tiene un cuerpo real blanco y proporciona una señal alcista de inversión más fuerte en comparación con el de hombre colgado. Cuando los analistas encuentran esta vela en el mercado es aconsejable esperar a la confirmación de la siguiente sesión para intentar abrir posiciones al alza.

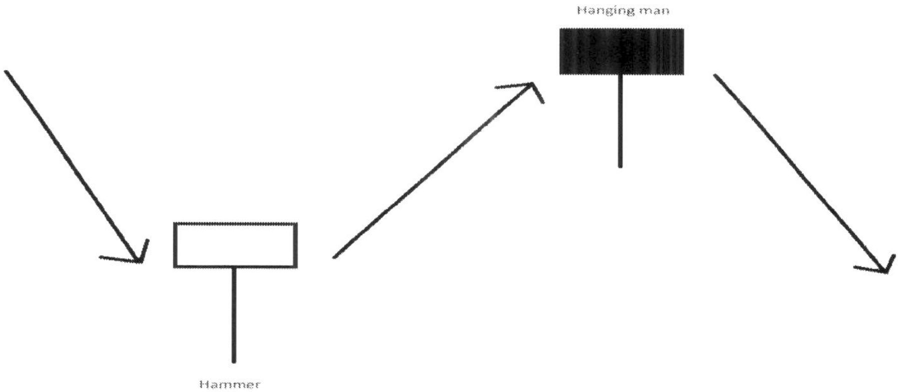

Imagen 1.16: Hammer y el Hanging man

- Inverted hammer y shooting star: Estas dos velas tienen la misma estructura gráfica que es un cuerpo real ubicado solo en la parte inferior de la vela y una larga sombra superior. El inverted hammer y la shooting star asumen, sin embargo, diferentes significados para los operadores dependiendo del color del cuerpo real y su posición dentro del gráfico. En cuanto al primero, se produce al final de una tendencia bajista, con un cuerpo real de color blanco, y proporciona una señal de inversión, más precisamente cuando se encuentra conviene hablar de corrección, ya que es una señal solo de pausa de la tendencia principal, por lo tanto para los analistas es conveniente cerrar las posiciones largas y esperar las señales del mercado. La shooting star, por el contrario, se encuentra al final de una tendencia alcista, presenta un cuerpo real negro y proporciona una señal de inversión alcista, más fuerte si se compara con la del inverted hammer. Cuando los analistas encuentran esta vela en el mercado es apropiado esperar la confirmación de la siguiente sesión para intentar abrir posiciones alcistas.

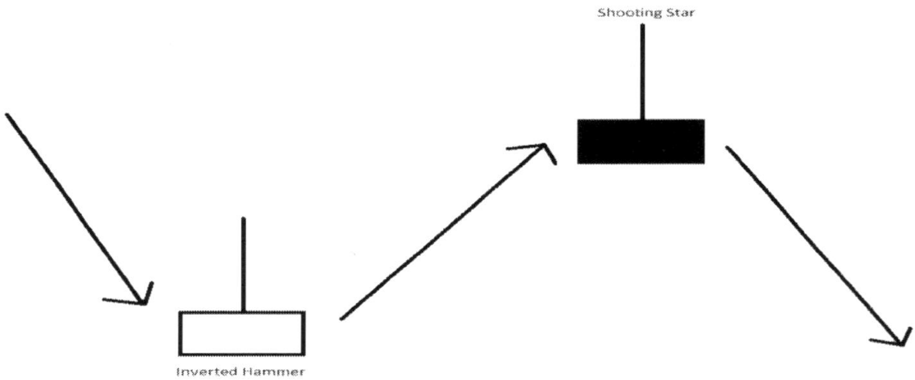

Imagen 1.17: Inverted hammer y la shooting star

Hasta ahora solo hemos hablado de velas individuales, pero en el mundo del trading también hay combinaciones de dos o más velas que permiten a los traders entender el mercado y se llaman **velas patrón**.

Aquí describiré solo los principales patrones, para cualquiera que quiera aprender más sobre las velas japonesas, sugiero estudiar el "Candlestick charting explained" por Gregory Morris.

- Engulfing line: Es uno de los patrones de inversión gráfica más importantes que se pueden encontrar en el mercado. Puede ser tanto de bullish engulfing como de bearish engulfing. Los dos patrones son especulares, así que analizaré sólo el bullish engulfing. Desde el punto de vista gráfico este patrón siempre se forma dentro de un sólido movimiento direccional bajista, al final del cual hay una pequeña standard line negra seguida de una larga vela blanca que se extiende completamente por encima y por debajo de la anterior. Una última observación importante acerca de la engulfing line es que cuando ocurre, se reportan altos volúmenes, una clara señal de que el sentimiento del mercado está cambiando. Para aprovechar al máximo esta señal de inversión, el operador tendrá que abrir una posición alcista una vez que termine el día, colocando el stop loss justo por debajo del mínimo registrado por la gran vela blanca. Cabe destacar que el desvanecimiento de las velas que forman una envoltura alcista crea un hammer, mientras que en la formación bajista forma una shooting star.

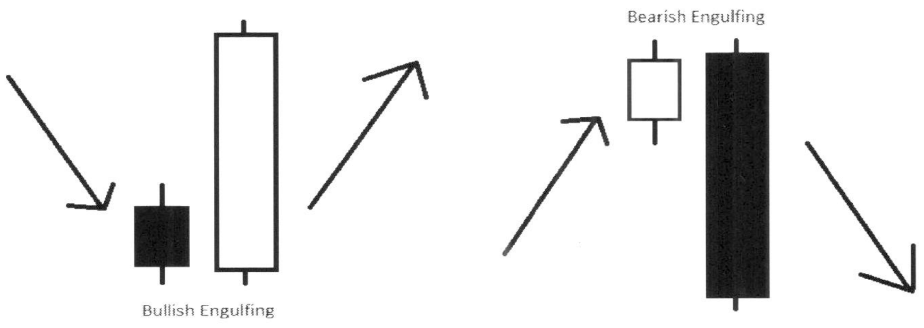

Imagen 1.18: El bullish engulfing y el bearish engulfing

- Dark-cloud cover y piercing line: Estos son dos patrones de inversión muy importantes y son particularmente bien conocidos dentro del análisis técnico. En cuanto a la dark-cloud cover, se manifiesta al final de una tendencia alcista, por lo tanto es una señal de inversión bajista, mientras que la piercing line se presenta al final de un movimiento descendente, por lo tanto muestra una señal alcista. A continuación analizaré sólo la dark-cloud cover, ya que las dos configuraciones gráficas son especulares entre sí. A nivel gráfico, la dark-cloud cover está compuesta por dos velas con un cuerpo largo real de color opuesto, la primera será blanca y confirmará la tendencia alcista actual, mientras que la segunda será negra y se abrirá en "gap-up", es decir, por encima del precio de cierre con respecto al anterior, y luego cerrará la sesión con precios que superarán la mitad de la vela anterior. Cuando un analista encuentre tal patrón podrá abrir posiciones a la baja para aprovechar la inversión de la tendencia, colocando el stop loss por encima del precio de apertura de la segunda vela. Por último, es importante señalar que la cobertura de nubes oscuras y la piercing line representan señales de inversión más débiles en comparación con la engulfing line, por lo que es aconsejable esperar a que una vela adicional confirme la hipótesis de inversión.

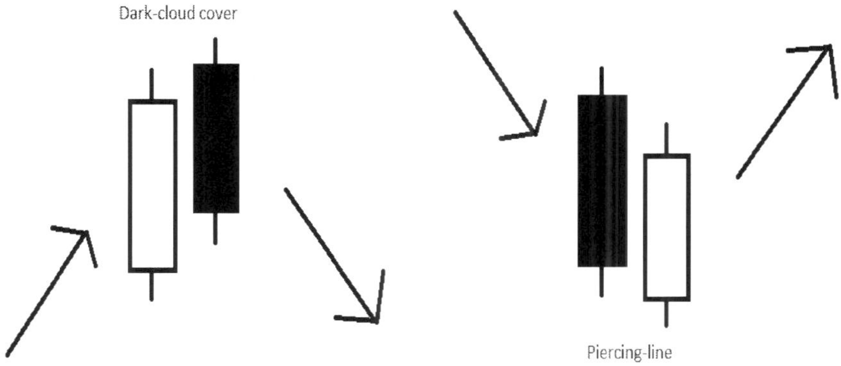

Imagen 1.19: Dark-cloud-cover y piercing-line

- Morning star y Evening star: La morning star y la evening star son dos patrones de inversión que ocurren al final de una tendencia bajista (morning star) o alcista (evening star), ambas configuraciones gráficas consisten en tres velas. A continuación, analizaré sólo uno de los dos patrones, ya que son especulares entre ellos. La morning star proporciona una señal de inversión alcista al final de una tendencia bajista. Desde el punto de vista gráfico dicha figura de inversión se constituye a partir de una vela larga negra, que es coherente con la tendencia bajista, posteriormente aparece un doji o un spinning top, que permiten entender que dentro del mercado se está creando incertidumbre, finalmente aparece una vela larga blanca que proporciona la señal alcista y hace suponer que el sentimiento del mercado ha cambiado. Dos observaciones importantes sobre la morning star son que los volúmenes de la primera vela negra deben ser inferiores a los de la última vela verde y que el mínimo alcanzado por el doji o el spinning top debe ser el mínimo tocado por el mercado en las tres sesiones. Desde el punto de vista operacional, cuando se detecta un patrón de este tipo, se pueden abrir posiciones ascendentes sin esperar más señales, situando el stop loss por debajo del mínimo alcanzado por los precios en la formación de la segunda vela.

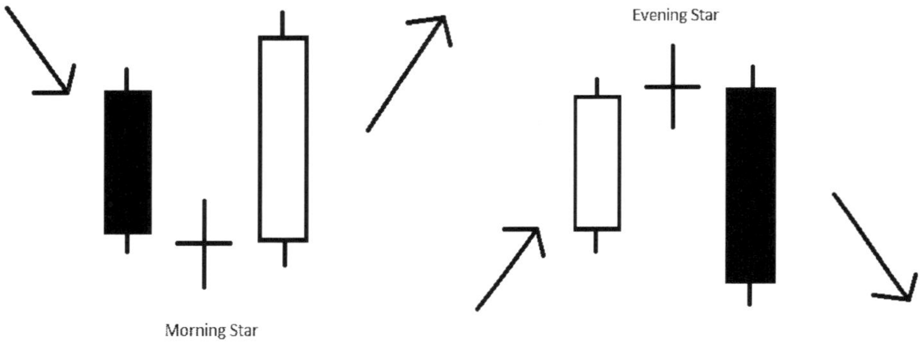

Imagen 1.20: Morning star y evening star

Me gustaría subrayar que cuando se encuentran estos patrones dentro de un gráfico no es obligatorio entrar inmediatamente en posición, al contrario, se puede esperar fácilmente a tener una mayor confirmación de los movimientos del mercado y operar sólo cuando el ratio de riesgo de rendimiento es lo suficientemente bueno.

1.9 Patrones

Los patrones son formas que se forman en el gráfico debido a los movimientos de los precios. Estos patrones son muy importantes para los traders, ya que tienen un valor predictivo, por lo que les permiten construir estrategias operativas para aprovechar los movimientos del mercado. Estos patrones se dividen en dos macro categorías: continuación e inversión.

Rectángulos

El rectángulo es una figura muy simple de encontrar y muestra un quiebre en la tendencia principal, donde los precios empiezan a moverse de lado. Este patrón se caracteriza por una oscilación de los precios dentro de dos líneas paralelas, un soporte estático y una resistencia dinámica. La figura se caracteriza por volúmenes seguramente más bajos con respecto a una fase de tendencia, aunque la reducción sea menos evidente con respecto a otras formas.

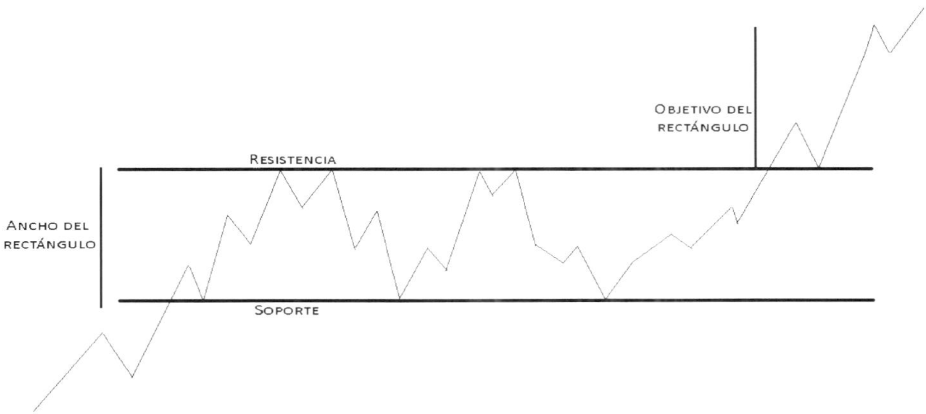

Imagen 1.21: Rectángulo

Una vez que encuentras este tipo de forma puedes adoptar dos estrategias diferentes:

- El primero es esperar la salida de los precios de la fase lateral, luego la ruptura del soporte o la resistencia, y luego entrar en el mercado. Cuando se adopta una estrategia de este tipo es muy importante evaluar el tamaño de los volúmenes, porque si se ve que en la fase de subida, siempre dentro del rectángulo, los volúmenes son mayores que los de bajada entonces habrá que esperar la ruptura de la resistencia. A la inversa, si los movimientos de bajada son mayores que los de subida.
- La segunda estrategia es aprovechar la fase lateral para abrir posiciones largas cuando el precio rebota en el soporte, y entrar en el mercado a la baja cuando el precio rebota en la resistencia.

Una observación que se puede hacer sobre el rectángulo considerando su longitud, es decir, su duración temporal, y su anchura, es decir, el grosor de la fase lateral, es que cuanto más amplias sean estas variables, más fuerte será el movimiento una vez que se rompa el rectángulo. Para apoyar esta tesis se demuestra que el target de la forma, pues el nivel que deben alcanzar los precios en la fase posterior a la ruptura será igual al ancho del rectángulo, es decir, la distancia entre el soporte y la resistencia.

Triángulos

Los triángulos constituyen una pausa de la tendencia existente, se caracterizan por el hecho de que el rango en el que se mueven los precios, y por consiguiente también los volúmenes, tienden a disminuir a medida que se acerca el tiempo de ruptura. Hay tres tipos principales de triángulos:

- Triángulo simétrico: La figura se forma dentro de dos líneas de tendencia, una bajista y otra alcista, por lo que con el paso del tiempo se asistirá a un aumento gradual de los mínimos y una reducción de los máximos. Las posibles previsiones de ruptura deben basarse en la tendencia principal.
- Triángulo ascendente: La figura se forma entre una resistencia estática y un soporte dinámico, por lo que con el tiempo veremos un incremento en los mínimos, permaneciendo los máximos inalterados. Este comportamiento de los precios hace suponer la mayor fuerza de los compradores en comparación con los vendedores, por lo que se espera una ruptura al alza.
- Triángulo descendente: La figura se forma entre un soporte estático y una resistencia dinámica, por lo que con el tiempo habrá una reducción de los altos, con los bajos que permanecerán inalterados. Este comportamiento de los precios hace que se adivine la mayor fuerza de los vendedores en comparación con los compradores, por lo que se esperará una ruptura a la baja.

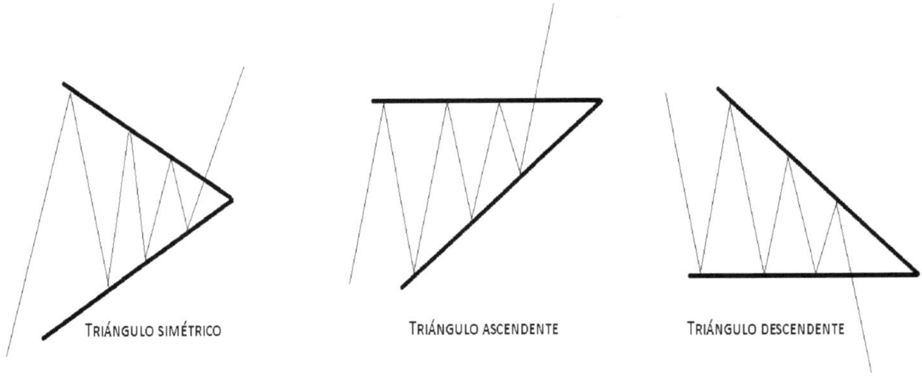

Imagen 1.22: Tipos de triángulos

Cuando se encuentran estas formas, siempre es mejor esperar a que se produzca la ruptura del soporte o de la resistencia antes de entrar en el mercado, ya que es difícil y arriesgado explotar los laterales como en el caso del rectángulo. En cuanto al target, es decir, el nivel que deben alcanzar los precios una vez que se ha producido la ruptura, se puede establecer proyectando desde el punto de ruptura la base del triángulo, definida como la amplitud máxima que la figura ha registrado durante su formación.

Head and shoulders

El head and shoulders es una de las figuras de inversión más importantes que pueden darse en los mercados financieros, puede ser tanto alcista como bajista. A continuación analizaré el head and shoulders bajista, pero todo lo relacionado con estos últimos será aplicable de manera especular al head and shoulders alcistas.

Esta figura de inversión se caracteriza por algunas fases:

1. En primer lugar, para que se inicie la formación de un head and shoulders bajista, el mercado debe continuar su tendencia positiva caracterizada por fuertes volúmenes como se ve en el punto (a).
2. Posteriormente se produce una corrección de la tendencia junto con una reducción de los volúmenes, como puede verse en el punto (b). Gracias al movimiento primero en (a) y luego en (b) se forma el shoulder izquierdo.
3. Entonces la tendencia alcista comienza de nuevo y alcanza el punto (c), pero con volúmenes más pequeños. Esto debería ser una señal de advertencia para los analistas, que deberían sentir que la fuerza de los compradores se está reduciendo.
4. Los precios comienzan a hacer una nueva corrección hasta el punto (d), esta disminución irá más allá del pico registrado en (a), acercándose al punto más bajo (b), e indicará claramente que algo está mal con la tendencia alcista. Gracias al movimiento primero en (b), luego en (c) y finalmente en (d) se forma el head.
5. El mercado vuelve a subir y alcanza el punto (e), con volúmenes bajos, sin poder superar el máximo anterior alcanzado en (c). Una vez que el analista se encuentra en esta situación debe cerrar las posiciones largas y esperar a que los precios den la señal de reversión. Gracias al movimiento primero en (d) y luego en (e), se forma el shoulder derecho.
6. Ahora puedes dibujar una línea de tendencia que cruce los puntos (b) y (d). Esto se llamará escote y normalmente tiene una ligera

inclinación alcista. Solo una vez que los precios hayan roto este nivel, el operador tendrá la confirmación de que el mercado ha iniciado una tendencia bajista y los operadores tendrán que abrir posiciones cortas para aprovechar este movimiento.

7. Por último, para calcular el target price hay que tomar la altura de la figura, es decir, la distancia entre el punto (c) y el escote, proyectándola hacia abajo desde el punto de ruptura.

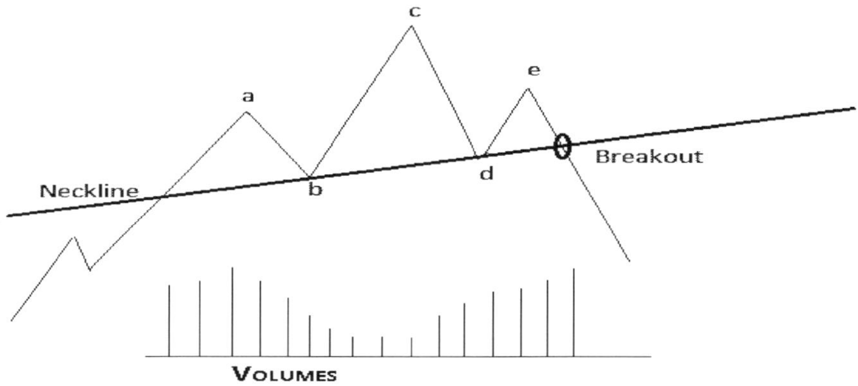

Imagen 1.23: Head and shoulders bajista

Doble superior y doble inferior

El doble superior y el doble inferior son algunas de las figuras de inversión más populares en los mercados financieros, también llamadas doble superior y doble inferior, son comparables a la "M" o la "W". A continuación analizaré el doble máximo, pero todo lo que concierne a este último será aplicable de manera especular al doble mínimo.

Cuando encontramos un doble superior significa que la herramienta financiera ha alcanzado durante dos veces un determinado nivel de precio sin poder romperlo, básicamente se puede decir que ha rebotado durante un par de veces en una resistencia. Posteriormente los precios vuelven a bajar y superan el mínimo creado previamente, dando una clara señal bajista. Cabe señalar que los volúmenes que se forman en presencia del segundo tope son inferiores a los del primero, esta información indica a los operadores que la fuerza de los compradores se está debilitando, mientras que la fuerza de los vendedores se está intensificando. Además, en la fase descendente se verá un aumento de los volúmenes, advertencia importante, porque confirma la inversión de la tendencia principal. Finalmente para determinar el target de esta cifra es necesario proyectar para disminuir desde el punto de ruptura de la cifra la distancia entre uno de los dos máximos y el mínimo intermedio entre ellos.

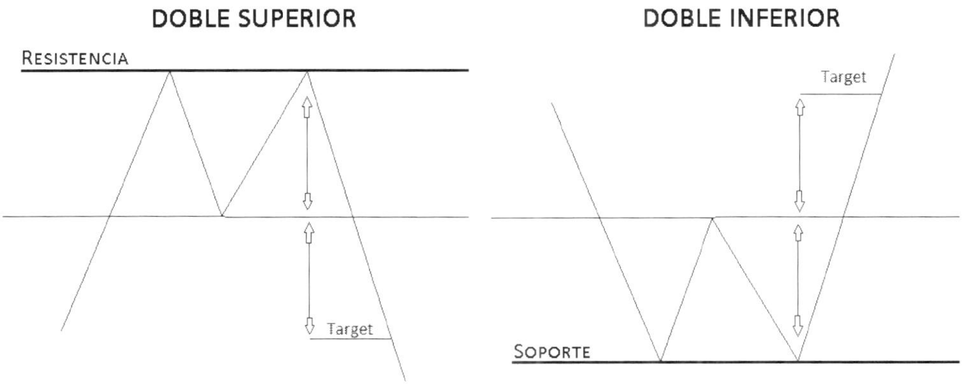

Figura 1.24: Doble superior y doble inferior

También existen el triple superior y el triple inferior, tienen la misma estructura que el doble superior y el doble inferior, pero con la única diferencia de que los precios rebotan tres veces en lugar de dos en la resistencia, en el caso del triple superior o el soporte en el caso del triple inferior. En cuanto al target viene calculado como en el caso anterior.

1.10 Indicadores y osciladores

Los indicadores son herramientas fundamentales para el análisis técnico, en efecto, permiten a los operadores encontrar la tendencia principal seguida por los precios, permiten reducir todas aquellas asimetrías de información provenientes del mercado, además pueden confirmar posibles señales de inversión y proporcionar información relevante sobre la tendencia principal. En lo que respecta a los osciladores, es importante mencionar las tres funciones principales que desempeñan:

- Identifican situaciones de mercado caracterizadas por un exceso de demanda (sobrecompra) o de oferta (sobreventa). Hablamos de sobrecompra cuando los precios atraviesan una fase direccional alcista en poco tiempo con volúmenes importantes, y viceversa nos encontraremos en una fase de sobreventa. Cuando el oscilador se encuentre en estas situaciones tendremos que esperar una fase lateral o una posible corrección de los precios. Es importante destacar que cuando la tendencia es muy marcada, los precios pueden seguir subiendo aunque te encuentres en una fase de sobrecompra o sobreventa.
- Proporciona señales potenciales de compra o venta, estas señales de operación serán diferentes dependiendo del tipo de oscilador que decidas utilizar.
- Dan información a los operadores sobre la direccionalidad y la fuerza de la tendencia, de manera que pueden identificar el momento en que la demanda se hace cargo de la oferta y

viceversa, lo que permite a los analistas detectar y por lo tanto anticipar posibles inversiones de tendencia. Hablamos de divergencia positiva, cuando el oscilador no confirma la tendencia negativa que atraviesa el mercado. En particular sucede que el gráfico muestra mínimos decrecientes, mientras que el oscilador detecta mínimos crecientes, con lo cual a la inversa estamos en presencia de una divergencia negativa cuando el oscilador no confirma la tendencia positiva de los precios.

Imagen 1.25: Divergencia positiva y divergencia negativa

Hay varios indicadores y osciladores, a continuación discutiré los principales y más utilizados, sin centrarme en las fórmulas matemáticas para obtenerlos, ya que estos pueden ser particularmente complejos, y los programas de análisis técnico permiten una construcción inmediata.

Promedios móviles

Los promedios móviles son sin duda los indicadores técnicos más utilizados y conocidos dentro del conjunto del análisis técnico. Su éxito se debe a que son fáciles de hacer, proporcionan señales de interpretación incuestionable y pueden personalizarse, probarse y modificarse. Los promedios móviles se definen como el promedio de una cierta cantidad de datos, esta cantidad puede ser elegida por los traders, y de hecho hay promedios de 10 períodos, promedios de 50 períodos e incluso promedios de 200 períodos, donde el analista decidirá, en base a su experiencia y su método comercial, cuál utilizar. Para calcular un promedio, solo hay que empezar con el total de los últimos X precios, por ejemplo, para un promedio de 20 períodos hay que sumar los últimos 20 precios de cierre, y dividirlos por el número de precios sumados. Los promedios móviles se clasifican en tres tipos:

- Promedio móvil simple: Que se calcula como la suma de los precios y la división de este resultado por el número de precios sumados. El principal inconveniente de este indicador es que cuando se aplica a series temporales largas, toma en cuenta por igual tanto los datos recientes como los remotos.
- Promedio móvil ponderado: Se calcula con una fórmula matemática más compleja que permite atribuir más importancia a los valores recientes que a los lejanos. Seguramente como media móvil es más precisa que la simple, porque se supone que los valores más recientes son capaces de interpretar mejor lo que ocurre en el mercado.

- Promedio móvil exponencial: Muy similar al promedio móvil ponderado, solo que cuando se aplica a series temporales muy largas incluye valores remotos en su cálculo, a diferencia del ponderado. Por otra parte, el analista puede decidir personalmente el porcentaje de peso que se atribuirá al último precio de cierre que se forme en el mercado.

Desde una perspectiva operacional, el promedio móvil proporciona una señal operacional alcista cuando es recortado desde abajo hacia arriba por los precios, mientras que proporciona una señal bajista cuando es recortado desde arriba hacia abajo por los precios. Cabe señalar que cuanto más largo sea el período considerado para calcular la media móvil, más fuerte y precisa será la señal.

Imagen 1.26: Intersección del precio con la media móvil

Un método avanzado de utilización de este indicador consiste en utilizar dos promedios móviles en diferentes marcos de tiempo para tener un promedio móvil más lento y más rápido, por ejemplo, se puede utilizar un promedio de 50 períodos y un promedio de 20 períodos. Las señales operacionales que se obtienen cuando se utiliza esta estrategia son: una señal alcista cuando la media móvil rápida cruza la media móvil lenta al alza, y una señal bajista cuando la media móvil rápida cruza la media móvil lenta a la baja.

Por último, cabe señalar que la media móvil cuando se utiliza debe adoptarse junto con otros instrumentos de análisis técnico como el análisis de velas o las configuraciones gráficas, de hecho no bastan por sí solos para establecer una estrategia comercial válida porque tienen algunos defectos, por ejemplo, proporcionan señales retardadas para entrar en el mercado y pueden generar falsas señales operacionales que pueden causar pérdidas importantes.

Imagen 1.27: Cruce de dos promedios móviles, uno con 50 períodos y el otro con 20 períodos

RSI

El índice de fuerza relativa es uno de los osciladores más utilizados en todos los análisis técnicos. La fórmula con la que se calcula es la siguiente: RSI=100-(100/(1+Rs)), donde Rs es la media de los cierres de los últimos n días. En cuanto a estos últimos, su número puede ser ajustado libremente por el analista, pero muchos estudios han confirmado que el período que mejor se presta a este tipo de indicador es de 14 días. El valor del índice de fuerza relativa oscila en el rango de 0-100, dentro del cual hay un área de sobrecompra (70-100) y otra de sobreventa (0-30). El RSI está en condiciones de suministrar varias señales de funcionamiento, ante todo permite al inversor anticipar los rebotes y las correcciones cuando entra en las zonas de sobrecompra y sobreventa, además permite detectar posibles cambios de sentimiento del trader a través de la formación de divergencias positivas o negativas, finalmente en las fases de tendencia cuando el oscilador se encuentra en las fases de sobrecompra o sobreventa suministra a los analistas una confirmación de la tendencia en el ser.

En la imagen inferior resulta evidente que cuando el RSI entra en las zonas de sobrecompra o sobreventa, una inversión de tendencia con correcciones también importantes que si se siguen pueden traer beneficios. Desde el punto de vista operativo, sin embargo, siempre es mejor esperar alguna señal que acompañe y que confirme la cantidad indicada desde el oscilador, como por ejemplo la formación de una vela o un patrón de inversión.

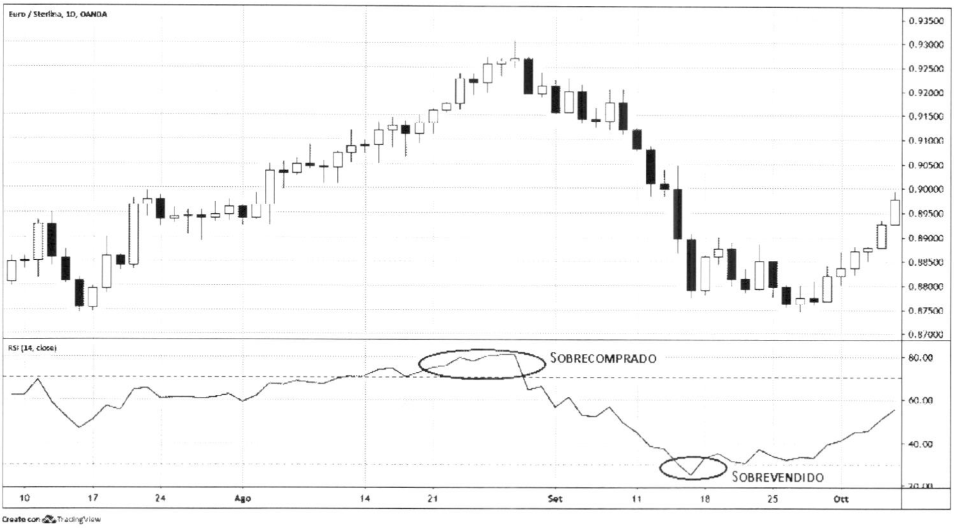

Imagen 1.28: 14-períodos de RSI

Macd

El Macd, que significa Media Móvil Convergencia-Divergencia, es un importante indicador utilizado en el análisis técnico, está compuesto por dos medias móviles con diferentes velocidades y una línea central fija llamada línea 0. A diferencia del índice de fuerza relativa, no tiene áreas de sobrecompra y sobreventa, por lo que no proporcionará señales de este tipo. En cuanto a los dos promedios que componen el macd son la línea de señal, que es el promedio más rápido y se genera como la diferencia entre un promedio móvil exponencial a 26 días y otro a 12 días, y la línea de disparo, que es el promedio exponencial más lento fijado en 9 días, que se calcula sobre los valores de la línea de señal. El macd, como todos los demás indicadores y osciladores, permite al analista ajustarlo libremente, de hecho un trader puede elegir cambiar la duración de la línea de activación de 9 días a 5 días si lo considera más apropiado. Los períodos mencionados son los más aplicados a este indicador. Desde un punto de vista operativo, el macd proporciona las siguientes claves operativas:

- Una señal alcista, cuando el promedio más rápido, es decir, la línea de señal corta de abajo hacia arriba la línea de despliegue.
- Una señal bajista, cuando la línea de señal corta de arriba a abajo la línea de despliegue.
- Una señal alcista cuando la línea de señal de abajo a arriba corta la línea 0.
- Una señal bajista cuando la línea de la señal corta la línea 0 de arriba a abajo.
- Permite encontrar las posibles divergencias en la evolución de los precios, lo que permite a los operadores anticiparse a los movimientos del mercado.

Una observación importante que hay que hacer es que el macd por sí solo no es suficiente para crear una estrategia comercial ganadora, por lo que las señales que proporciona deben ir acompañadas de la confirmación de las velas japonesas o de las configuraciones gráficas. Por último, cabe destacar que cuando la señal proporcionada por la interacción de la línea de la señal con la línea de disparo se produce en la intersección de la línea 0, la señal es particularmente fuerte, por lo que puede seguirse incluso sin ninguna confirmación de otros indicadores.

El histograma que se muestra en la siguiente figura se utiliza para representar la distancia entre la línea de señal y la línea de disparo, por lo que cuando las dos medias móviles se cruzan es siempre igual a 0. Su propósito es señalar cuando la tendencia se está debilitando, de hecho en el momento en que la tendencia alcista reduce el histograma se acerca a la línea 0, también ocurre cuando la tendencia descendente disminuye.

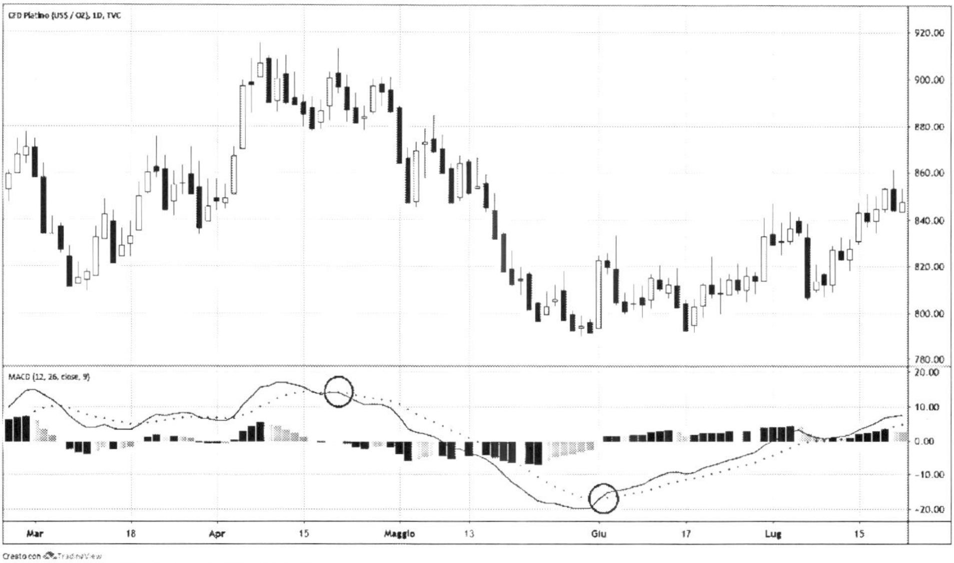

Imagen 1.29: Macd 12, 26, 9

Bandas de Bollinger

Otro indicador que vale la pena mencionar por su gran éxito en los mercados financieros son las bandas de Bollinger, inventadas por el famoso analista John Bollinger. Desde el punto de vista gráfico, están compuestas por tres líneas: una media móvil central con 20 períodos que sirve para indicar la tendencia a corto plazo en la que se encuentra el mercado y dos bandas, una superior y otra inferior, las cuales se ensanchan o estrechan según la volatilidad observada en el mercado. Estas bandas se construyen sumando y restando del promedio móvil el valor de la desviación estándar multiplicado por dos, este último mide la dispersión de los valores con respecto al promedio de referencia. Como todos los demás indicadores, también en las bandas de Bollinger el período de referencia puede ser fijado a voluntad por el analista según su modo de operar.

Desde el punto de vista operacional, el indicador se utiliza para:

- Identificar las compresiones de volatilidad, que son reportadas por el indicador cuando las bandas se estrechan alrededor de los precios. Cuando encuentras ese tipo de situación significa que el mercado está cerca de una fase direccional.
- Confirmar una posible tendencia en curso, esto sucede cuando los precios permanecen en contacto con la banda superior en el caso de un movimiento alcista, o inferior en el caso de una fase bajista.
- Prever una corrección o una posible inversión de la tendencia, cuando los precios salgan de una de las dos bandas, poniendo así

de manifiesto una fase en la que se ha producido un exceso de demanda o un exceso de oferta.

Imagen 1.30: Bandas de Bollinger de 20 períodos

Para aquellos que deseen profundizar en el análisis técnico, seguramente el libro más detallado y completo para aprender el análisis técnico desde cero es “Análisis técnico de los mercados financieros” de J.J. Murphy.

Capítulo 2

La psicología en el análisis técnico

2.1 Prospect theory

Varios estudios estadísticos han encontrado que solo el 10% de los traders obtienen beneficios, mientras que el 90% restante no gana o pierde dinero. Entonces, ¿por qué es que solo 1 de cada 10 puede obtener un beneficio en el mercado de valores? La respuesta a esta pregunta no está en el conocimiento del análisis técnico, sino en la psicología detrás de las inversiones financieras.

A este respecto, es interesante mencionar inmediatamente la teoría de la perspectiva, desarrollada por dos psicólogos israelíes, Amos Tversky y Daniel Kahneman, a finales de los años 70. Según esta teoría, las elecciones de los seres humanos en materia financiera violan sistemáticamente los principios de racionalidad, esto se debe principalmente a dos fenómenos relacionados:

- El efecto de encuadre: Son los efectos del contexto en el que los sujetos hacen sus elecciones individuales, esto depende de numerosos factores como la educación recibida, los ideales individuales, su apetito por el riesgo y la situación mental en la que se encuentra un individuo. Así pues, este fenómeno explica por qué algunos individuos que se encuentran en la misma situación de elección ven posibles soluciones diametralmente opuestas. En el caso del análisis técnico se explica con el efecto de encuadre la existencia del mercado, es decir, el lugar donde se encuentran la oferta y la demanda, y varios individuos que tienen el mismo objetivo toman a la vez opciones opuestas.

- Aversión a las pérdidas: Este fenómeno explica por qué para muchas personas la motivación para evitar una cierta pérdida es mayor que la motivación para hacer una posible ganancia. Esto quiere decir que en nuestra mente la pérdida de una suma de dinero tiene una mayor influencia que el ganar la misma cantidad. Supongamos que actualmente tenemos dos posiciones abiertas, una con una ganancia de 25 euros y la otra con una pérdida de 50 euros, la mayoría de las personas que desconocen las reglas psicológicas que hay detrás de las inversiones financieras pensarán en cerrar la posición de 25 euros inmediatamente, por miedo a perder las ganancias conseguidas, mientras que dejarían abierta la de 50 euros, porque tendrán la esperanza de recuperar el dinero que están perdiendo. Si se mira la situación desde un punto de vista racional y objetivo, se puede entender que en realidad era mejor para el operador cerrar la posición con pérdidas inmediatamente, porque significaba que el mercado se movía en la dirección opuesta y dejaba abierta la posición con ganancias que seguía la tendencia. La aversión a la pérdida explica por lo tanto la razón por la cual los individuos prefieren retener las pérdidas y tomar inmediatamente las ganancias.

Si un trader quiere tener éxito, debe por lo tanto conocer a fondo los estados psicológicos en los que se encontrará en el curso de sus operaciones, y sólo a través de una gestión consciente de sus emociones será capaz de desarrollar la actitud ganadora, es decir, la actitud hacia la victoria en la que solo ese 10% de los traders que tienen éxito en los mercados financieros tienen.

2.2 Las emociones en el trading

Operar dentro de los mercados financieros genera fuertes emociones en los inversionistas, que ven segundo tras segundo, cambiar el capital que han establecido para sus inversiones, y cuanto más sustancial sea este capital, más inversiones serán importantes y más fuertes serán las emociones. El secreto de un operador exitoso no se esconde en sus conocimientos de análisis técnico, que sin embargo juegan un papel fundamental en la interpretación de los mercados financieros, sino en su capacidad de ser el dueño absoluto de las emociones que siente y la capacidad de controlarlas, independientemente de lo que suceda con su capital.

Las emociones positivas en el trading

Las emociones positivas generadas por el estudio de los mercados financieros son la herramienta que el trader debe utilizar con racionalidad para convertirse en un trader exitoso, las cuales son:

- Alegría: Ciertamente la alegría es la emoción por excelencia que debe estar presente en la mente de todo trader exitoso, no se deriva como consecuencia de los resultados positivos que el trader encuentra dentro del mercado, sino que surge aún antes, precisamente cuando el trader comienza el análisis del gráfico. Básicamente, esta emoción debe ocupar espacio en la mente del individuo en el momento en que realiza una actividad que le gusta y le apasiona, por lo que será más fácil conseguir los resultados deseados, pero también superar los momentos de dificultad. Si al inversor le gusta analizar los mercados, y éstos le llevan a obtener beneficios, esto creará un impulso positivo que llevará al individuo a convertirse en un trader de éxito. Una última observación sobre la alegría es que el trader tendrá que tener cuidado de que esto no se convierta en euforia, haciéndole creer erróneamente que es un vidente y que por lo tanto siempre puede predecir el rendimiento de los mercados. Esta arrogancia llevará inexorablemente a abrir numerosas posiciones, incluso si el mercado no proporciona indicaciones operativas claras, tal vez incluso sin la colocación de un stop loss adecuado, lo que llevará al analista a grandes pérdidas y a una posible ruina del capital disponible.

- Calma: Uno de los rasgos clave de un trader exitoso es la calma, esto le permite tener una visión más racional y objetiva de lo que sucede en los mercados y a su capital. La mayoría de las actividades laborales se basan en la idea de que cuanto más tiempo dedique al trabajo, mayor será la ganancia potencial. En el mundo del análisis técnico esta mentalidad se vuelve deletérea y puede conducir a enormes pérdidas, de hecho en el trading no se dice que cuanto más posiciones habrá más será la ganancia, de hecho bastaría con abrir incluso una sola posición por mes para tener una ganancia más que discreta. Por lo tanto, el inversor de éxito tendrá que estar tranquilo para poder identificar las ideas más interesantes que se presenten en el mercado, evitando abrir posiciones que surjan de la frenética actividad en la bolsa de valores, de hecho se dice que el trabajo del analista es un trabajo de calidad y no de cantidad. Por último, la calma también será esencial para mantenerse fresco y racional cuando se tienen posiciones en el beneficio, para poder contrarrestar ese deseo de cobrar inmediatamente las pocas ganancias obtenidas, sin permitir que se desarrollen más.

Las emociones negativas en el trading

Las emociones negativas que surgen cuando se opera en los mercados financieros, llevan a los operadores a fuertes tensiones que los llevan a un análisis erróneo porque, llevado a cabo con poca claridad y frialdad, tales emociones son:

- Avaricia: Esta emoción aumenta cuando el trader cierra una posición rentable, pero más tarde se da cuenta de que si la mantiene abierta podría ganar más dinero. Esta emoción es desastrosa para los analistas, porque si experimentas un sentimiento de infelicidad incluso cuando has obtenido un beneficio será difícil para el operador sentir emociones positivas, porque entrar al principio de una tendencia y salir al final es virtualmente imposible. Tales sentimientos negativos a lo largo del tiempo afectarán a la capacidad de analizar los mercados con lucidez y objetividad, lo que llevará al trader a una serie de operaciones negativas que le transportarán a un círculo vicioso, lo que podría costarle todo el capital. La codicia también se manifiesta cuando el trader decide no cerrar una operación rentable porque espera ganar más aunque los gráficos muestren signos de retroceso. En este caso, la codicia hará que el operador pierda las ganancias alcanzadas, y en el peor de los casos que cierre la operación en pérdida. Desde un punto de vista psicológico, este evento tendrá efectos devastadores en la moral del inversor, causándole una gran decepción. Para evitar que la avaricia se apodere de la mente del operador, éste debe aprender a interpretar los gráficos y no esperar que se muevan en la dirección esperada.

- Estancamiento: El trader experimenta esta emoción cuando los precios no van en la dirección deseada. Cuando te encuentras en esta situación te sientes inseguro e incapaz de tomar una decisión, como resultado dejarás que los precios corran sin intervenir de ninguna manera esperando que en el futuro se muevan en la dirección esperada. Este tipo de comportamiento es catastrófico tanto para las operaciones del analista como para su capital, porque a veces el instrumento financiero se mueve a favor del operador, mientras que otras veces puede llevar a la pérdida de beneficios o a sufrir graves pérdidas. Para evitar ser víctima de la inmovilidad, el operador, antes de abrir cada posición, necesita planificar cada detalle con precisión y exactitud para estar preparado para cualquier situación que se le presente.
- Miedo: Esta emoción está siempre presente en el trader, de hecho uno tiene miedo de haber abierto una posición equivocada, de haber

colocado mal el stop loss, de perder las ganancias obtenidas y de no lograr los resultados deseados. El miedo, por lo tanto, acompaña al trader en cada momento de sus operaciones, pero el analista de éxito es consciente de que esta emoción está siempre con él, debe aprender a controlarla y manejarla, porque tener miedo del mercado es lo correcto, de lo contrario el trader se sentiría un vidente pensando que puede interpretar cada gráfico y tener siempre la razón. No obstante, hay que señalar que el inversor no debe dejarse abrumar por el miedo, ya que de lo contrario podría cometer actos que no tienen justificación, o podría evitar abrir posibles posiciones que le llevaran a ganar. Pongamos un ejemplo: un analista abre una posición larga, pero los precios empiezan a caer hacia el stop loss colocado previamente, entonces el trader por miedo a perder más dinero cierra la posición justo antes del stop, pero como se colocó correctamente los precios sufren una inversión de tendencia y vuelven a la dirección que el trader había identificado, aunque no lo disfrutará de ninguna manera. Para controlar el miedo y utilizarlo en su propio beneficio, el trader tendrá que seguir estrictamente las estrategias y planes que estableció sin dejarse influenciar por todos esos sentimientos que surgen del miedo a perder dinero.

- Desesperación: Esta emoción se produce cuando el inversor sufre una serie consecutiva de pérdidas, que no solo dañan su capital, sino que también arruinan su mente haciéndole perder la confianza en sí mismo. Dichos sentimientos le llevarán a abrir otras posiciones, pero sin estar convencido de cómo está operando, las dejará al azar y a la suerte, lo que raramente recompensa en el mundo del análisis técnico. El trader para evitar la desesperación tendrá que afrontar las pérdidas, aunque sean consecutivas, como elemento fisiológico de sus operaciones, siendo consciente de que siempre estarán presentes dentro de su análisis, de hecho muchos analistas de éxito recomiendan ver las pérdidas como el coste de cualquier actividad empresarial.

2.3 EGO

Con el término ego generalmente nos referimos a nuestra propia persona y a la conciencia de quiénes somos. Algunos traders exitosos, dicen que para tener éxito en el campo del análisis técnico y no ser influenciado por las muchas emociones que lo invaden, el trader debe ser capaz de destruir su ego para poder observar con total lucidez los movimientos de los precios. Específicamente, esta filosofía de negociación dice que el ego lleva al analista a competir con el mercado y a desafiarlo, por lo que cualquier posible pérdida será vista por el trader como un insulto a su inteligencia y herirá su orgullo. El hecho es que al mercado de cómo somos y qué pensamos no le importa en absoluto. Por consiguiente, estos sentimientos llevarán al inversor a querer recuperar rápidamente las pérdidas, aunque el mercado no ofrezca las oportunidades adecuadas, lo que dará lugar a nuevos errores que le llevarán a un bucle muy peligroso para su capital disponible. Por otra parte, el inversor de éxito sabe que no tiene que probarle nada ni a sí mismo ni a los demás, por lo que podrá aceptar una pérdida sin sentir la necesidad irrefrenable de recuperarla lo antes posible. Esta teoría también sostiene que el analista exitoso no debe creer lo que piensa, sino solo lo que ve, de hecho no debe dejarse influenciar por sus propios pensamientos, que son parte del ego y por lo tanto de lo que somos, porque pueden haber estado condicionados por muchos factores externos y por lo tanto conducen a una visión no transparente del mercado. La única cosa en la que el trader tiene que confiar es en el gráfico de precios, porque solo el gráfico de precios le permite entender realmente lo que está sucediendo en el mercado y le da la posibilidad de adivinar lo que sucederá en el futuro.

Capítulo 3

10 leyes para controlar el mercado

Este capítulo es sin duda la parte clave del libro, y difícilmente lo encontrarás en otros libros, ya que las siguientes 10 reglas son el resultado de años de experiencia y estudio que me han permitido controlar el mercado. Es precisamente en el CONTROL donde radica el éxito de los grandes traders, porque solo esto nos permite ser siempre dueños de lo que hacemos. El CONTROL se divide en *control de mercado* y *autocontrol*.

El primero nos permite analizar los gráficos y gestionar las posiciones que tenemos en nuestra cartera mediante el uso adecuado de todas las herramientas que ofrece el análisis técnico, el análisis fundamental y la gestión del dinero.

El segundo nos permite lidiar con nuestra emocionalidad y operar con calma sin la ansiedad que muy a menudo nos lleva a tomar decisiones apresuradas e irracionales, que en el trading se vuelven fácilmente letales.

Las siguientes 10 reglas no han sido enumeradas en orden de importancia, ya que todas son esenciales para el control total de sus inversiones. De hecho, es necesario que se integren entre sí, creando así una sinergia de habilidades y atención que no solo le permitirá mejorar su rendimiento en los mercados, sino sobre todo ser capaz de vivir el trading con la lucidez mental que define el límite entre los que pierden dinero y los que obtienen beneficios.

1: *Siempre sigue la tendencia principal*

La primera de las diez leyes que quiero presentar es, sin duda, esencial para aumentar tus posibilidades de éxito en el trading en línea. Más que una ley para los que hacen trading, casi se puede definir la esencia misma del trading, concretamente **SIEMPRE SEGUIR LA TENDENCIA PRINCIPAL.**

Como hemos visto en el capítulo 1.4 la tendencia puede tener tres direcciones, lo que el operador debe hacer es determinar la tendencia subyacente, es decir, la dirección del precio primario, y luego abrir solo las posiciones que favorezcan esta tendencia. Así, por ejemplo, si la tendencia primaria es alcista, abriré solo posiciones al alza, si es bajista solo a la baja. Con esto no quiero decir que no sea posible hacer operaciones de contra-tendencia, pero en el caso en que se hagan el consejo es siempre reducir la exposición en tales operaciones, porque las probabilidades de tomar una pérdida son considerablemente más altas.

¿Y si es una tendencia lateral?

In this case you can do two things:

- Aférrate a esa herramienta en particular y espera las señales para confirmar el movimiento de una tendencia.

- Explotar el precio de lado para abrir posiciones largas o cortas.

Veamos este último punto:

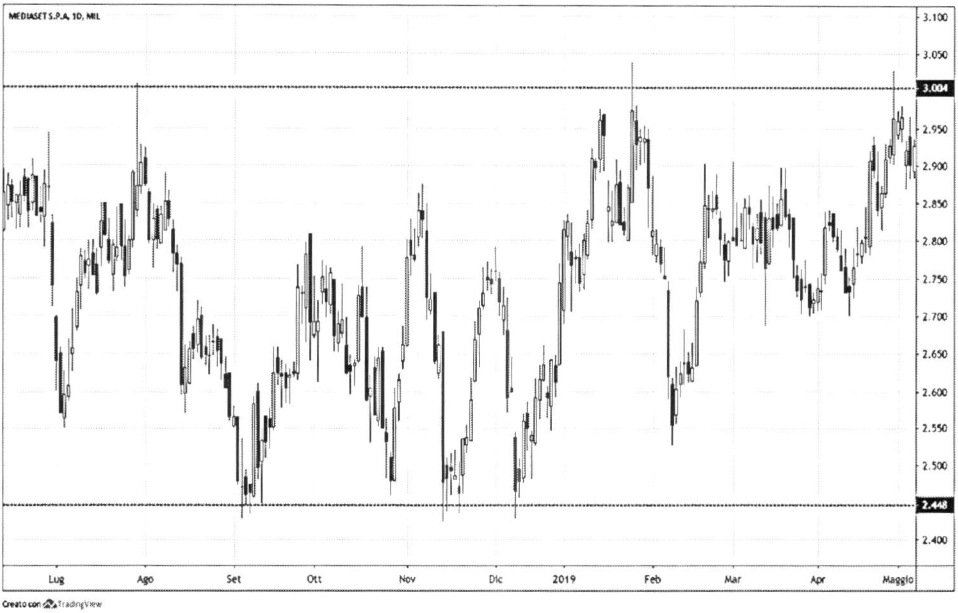

Imagen 3.1: Tendencia lateral de las acciones de Mediaset

Lo anterior es el gráfico de Mediaset S.P.A. en un marco de tiempo diario, es la misma imagen presentada en el capítulo 1.4. Como pueden ver los precios en el último año se han movido lateralmente entre el nivel de 3.004 y 2.448. La estrategia que un trader puede utilizar en este caso es la siguiente:

- Abrir posiciones a la baja cuando los precios lleguen a 3.004, con stop en el cierre por encima de 3.004, stop de protección en 3.100 y target 2.448.

- Abrir posiciones ascendentes cuando los precios lleguen a 2.448, con el stop de cierre por encima de 2.448, el stop de protección en 2.400 y el target 3.004.

El asunto del stop de cierre y del stop de protección se trata en el capítulo 3.7. La estrategia anterior tiene una muy buena relación riesgo/rendimiento y si la naturaleza lateral del mercado dura de medio a largo plazo puede dar excelentes resultados.

En cuanto al seguimiento de la tendencia principal, a menudo la gente me pregunta si existe un método para identificarla sin errores y sin arriesgarse a ser influenciado por retrocesos o señales falsas.

La respuesta: CLARO. Utilizando las herramientas que nos proporciona el análisis técnico que he descrito en el capítulo uno. Antes de explicar el método, quisiera destacar que el tipo de trading debe estar siempre relacionado con el marco temporal de referencia. Es decir, si opero a 1 hora el gráfico que tendré en cuenta para determinar la tendencia subyacente será el gráfico de 1 hora y no el de 4 horas o el diario, por el contrario si opero en swing, por lo que mantengo las posiciones abiertas durante unos días, consideraré el gráfico de velas diario. Con esto no quiero decir que no debas mirar los gráficos semanales si estás haciendo swing trading, sino que debes centrarte en el gráfico diario, porque el gráfico semanal no es más que la agregación del gráfico diario, así que creo que lo más sensato es analizar el gráfico diario utilizando el zoom.

Aquí hay un ejemplo práctico de cómo determinar una tendencia de mercado:

Imagen 3.2: Gráfico diario de las acciones de Netflix

Aquí está el gráfico de las acciones de Netflix y estamos tratando de determinar las diversas tendencias que las acciones han mostrado desde principios de 2018 hasta enero de 2019.

Imagen 3.3: Análisis de la tendencia alcista y el doble tope del precio de las acciones de Netflix

Al hacer un zoom podemos ver que desde principios de 2018 hasta julio de 2018 los precios siempre han marcado altibajos crecientes, los cuales resalté con elipses, esto significa que hasta julio supe que estaba en una tendencia alcista, por lo que podría haber entrado largo, como ya habría notado después de dibujar la tercera elipse que estaba en un mercado alcista. No obstante, entre mediados de junio y principios de julio me di cuenta de que algo había pasado, los precios dejaron de subir y llegaron a un doble máximo. Esto último es un signo de una inversión bajista y me hace entender que la tendencia está cambiando de alcista a: No lo sé, ya que podría convertirse tanto en lateral como en bajista, veamos el gráfico.

Imagen 3.4: Análisis de la tendencia lateral y de la tendencia bajista de las acciones de Netflix

Después de haber formado y completado, a través de la ruptura del nivel de 380$, la doble cima, los precios de principios de julio empiezan a moverse en una tendencia lateral, esto es claro para mí ya que las altas y bajas no se actualizan. Destaco esta tendencia lateral con un rectángulo que comienza a principios de julio y termina a mediados de octubre. La alarma de que la tendencia lateral ha terminado me lo sugiere la ruptura descendente del soporte, que era la base inferior del rectángulo. En los días siguientes, de hecho, los precios empiezan a bajar creando altas y bajas decrecientes, marcadas con pequeños rectángulos, hasta el final de 2018.

Justo hacia el final del año los precios crean un importante patrón de inversión, que es un envolvimiento alcista, de hecho en los días siguientes el precio de las acciones comienza con fuerza al alza.

Imagen 3.5: Análisis completo de las acciones de Netflix

La figura anterior es igual a la primera imagen que he insertado hablando de Netflix, con la única diferencia de que en este caso he descrito todas las fases de la tendencia a través de elipses, rectángulos y breves comentarios.

Tal sistema permite tener una visión más clara de la fase del mercado en la que se encuentra, de hecho si se mira la imagen anterior el diagrama resulta de difícil interpretación, por el contrario la figura anterior resulta de fácil interpretación y nos permite comprender inmediatamente en qué fase de la tendencia nos encontramos.

Por esta razón recomiendo a todos los traders que deseen tener un control total de sus operaciones que utilicen la metodología que se acaba de explicar para tener la claridad mental necesaria para entender en qué dirección se mueven los precios, y así poder operar siempre a favor de la tendencia principal, aumentando así sus posibilidades de éxito.

2: *Gana más de lo que pierdas*

La segunda ley es: gana más de lo que pierdas. Para escucharla tienes que decir: *Bravo, no me lo digas, eres un tipo listo*. En realidad, el secreto del análisis técnico es solo eso.

En el trading, las pérdidas y las inversiones erróneas son el estándar, por lo que es importante que el analista debe crear una proporción entre el valor de las pérdidas y las ganancias. Toma dos analistas como ejemplo, el trader A que de 100 posiciones cierra 70 en beneficios, y el trader B que de 100 operaciones cierra solo 30 en beneficios. A primera vista se podría sugerir que A es mucho más rentable que B, pero esto no siempre es cierto, porque si A cierra 70 posiciones en las que gana 2 euros y 30 en las que pierde 5 euros a fin de mes, este analista habrá sufrido pérdidas a pesar de que el 70% de las posiciones que abrió eran rentables. Por el contrario, el trader B puede haber obtenido un beneficio aunque sólo 30 posiciones fueran rentables. A través de este ejemplo es fácil entender cuán fundamental es crear una proporción entre las ganancias y las pérdidas. La recomendada por muchos profesionales es la proporción de 3:1, de modo que con una sola operación de beneficio se pueden recuperar las pérdidas de otras 3, pero cada analista puede optar por establecer su propia proporción entre el stop loss y el take profit en base a sus habilidades y su forma de operar. Personalmente prefiero usar una proporción entre 4:1 y 2:1, y cuando mi operatividad me lo concede, siempre elijo cortar las pérdidas cuando aún son pequeñas y dañan poco mi capital. Digamos que pienso así:

Es mejor perder 10 euros hoy que 50 mañana.

Con el ejemplo anterior no quiero decirte que si el ratio que usas es 1:1 seguramente perderás dinero, pero seguramente necesitarás un análisis más sólido, lo cual no es nada fácil.

Warren Buffet, el mejor inversor en la historia de la humanidad, dijo: *"La primera regla para los que operan en la bolsa de valores: no pierdan dinero, la segunda: nunca olviden la primera"*. Aparte del eslogan, hay una razón muy precisa por la que la regla número uno del trading es no perder dinero y se esconde detrás de la **LEY DE LA RUINA ESTADÍSTICA**.

La ley de la ruina estadística muestra que la posibilidad de recuperar el valor inicial del capital perdido es inversamente proporcional a la pérdida sufrida. Aclaremos con un ejemplo:

Empiezo a operar con un capital de 1000 euros, abro una posición larga que desgraciadamente sale mal y no pongo el stop loss porque empiezo a pensar *"no puede bajar indefinidamente", "nunca pasará"* etc... Dejo mi posición abierta hasta que pierdo la mitad de mi capital, entonces con un atisbo de lucidez cierro el largo y me encuentro con solo 500 euros en la cuenta. En resumen, he perdido el 50% de mi capital, entonces lo he reducido a la mitad con una sola posición. Pero ahora quiero recuperarlo y con un golpe de suerte abro una posición larga que va bien y aumento mi capital en un 50%. **NOTA:**

¿Cuánto es el 50% de 500? 500 x 50/100 = **250**

Significa que ahora nuestro capital total es de 500 + 250 = 750. Así que primero perdiendo el 50% de mi capital y luego aumentando mi capital en un 50% me encuentro con un 25% menos de lo que empecé, de hecho, para recuperar la totalidad de la pérdida sufrida inicialmente para volver a 1000 euros tendría que ganar el 100% de mi capital de hecho: 500 + (500 x 100/100) = 1000.

Por lo tanto, desde el punto de vista económico, la ruina estadística es muy pesada para el trader, pero ¿queremos analizarla desde el punto de vista psicológico? El trader que ve su cuenta reducida a la mitad siente una cantidad insana de emociones negativas, que van desde la ira por no haber cerrado la posición antes, a la tristeza y la pérdida de confianza en sí mismo por haber perdido mucho de su dinero, hasta el peor momento: el desánimo y el deseo de renunciar que surgen al pensar en cuánto tiempo se tardará en recuperar todo el dinero que se ha perdido.

El consejo que me apetece dar a quienes se encuentran en esta situación, ya que yo mismo he estado en esta situación varias veces, es el siguiente: tómate unos días de descanso del trading, haz otra cosa, y en cuanto te sientas preparado vuelve a ponerte delante del monitor, pero no con el deseo de recuperar inmediatamente todo el capital perdido, pero sí con el deseo de volver al juego y aprender. Así que no consideres el tiempo que dedicas al trading después de una pérdida grave como tiempo perdido, sino como tiempo que dedicas a tu entrenamiento, entiende dónde y por qué cometiste un error y asegúrate de que no vuelva a suceder. Solo estás ganando experiencia. Como dijo Oscar Wilde: "la experiencia es solo el nombre que le damos a nuestros errores".

La ley de la ruina estadística es, por lo tanto, devastadora para los traders, tanto económica como psicológicamente, y es por eso que se hace tan difícil ser rentable en la bolsa de valores, la única manera de frenar este problema es controlar siempre las pérdidas con una adecuada gestión de stops, de lo que hablaré en la séptima ley.

No te preocupes, sin embargo, también hay bucles virtuosos en el mundo del trading y el más famoso y relevante de ellos es sin duda el interés compuesto que te permite multiplicar tus ganancias a lo largo de los años. Este sistema se utiliza a menudo en los fondos de inversión de los bancos, pero también se puede aplicar al mundo del trading, con la única diferencia de que en este caso tú decides cómo invertir tu dinero.

¿Cómo funciona el interés compuesto?

Funciona de tal manera que además de acumular intereses en el primer año de inversión, en los años siguientes se calculará no solo sobre el capital inicial, sino sobre el capital + los intereses, por lo que se obtendrán intereses sobre los intereses. Hagamos un ejemplo práctico:

Empiezo a operar con 10.000 euros y el primer año gano el 20% de mi capital inicial, así que al final del año tendré 12.000 euros. Ahora tengo dos opciones para elegir: o bien retiro los 2000 euros ganados y sigo operando con los 10.000 iniciales, o bien continúo el año siguiente operando con 12.000 euros sin retirar.

Supongamos que al año siguiente gana otro 20% de mis inversiones comerciales: si tengo 10.000 euros vuelvo a 12.000, pero si empiezo con 12.000 y gano el 20% al final del año tengo 14.400 euros, es decir, 400 euros más que si hubiera retirado los 2.000 euros ganados el año anterior.

Extendamos este ejemplo a 10 años suponiendo que ganemos un 20% de beneficio cada año:

- Si retiras los beneficios ganas 2000 euros durante 10 años y al final habrás cobrado 20.000 euros.

- Si no retiras los beneficios, tus ganancias serán las siguientes: 2.000+2.400+2.880+3.456+4.147+4.977+5.972+7.166+8.600+10.320= 51.918€.

La diferencia después de 10 años es por lo tanto de 51.918 - 20.000 = 31.918 euros. Esta es una diferencia notable y muy relevante para cada cuenta corriente, por esta razón siempre aconsejo a los traders que no retiren inmediatamente las ganancias obtenidas, sino que las mantengan en la cuenta para utilizar el interés compuesto. El propio Warren Buffet es considerado el mejor inversor del mundo no porque duplique su capital cada mes, sino porque utiliza el interés compuesto, la única diferencia es que lo hace con miles de millones de dólares.
Un último consejo que puede ser extrapolado de este ejemplo es definitivamente sobre el tiempo, de hecho, cuanto más tiempo tienes más puedes explotar el interés compuesto, por lo que es muy importante COMENZAR A INVERTIR CUANDO ERES JOVEN, porque tienes mucho, toneladas de tiempo de tu lado.

3: *Los soportes y las resistencias son rangos de precios*

La tercera ley es de vital importancia para hacer un análisis técnico preciso y es la siguiente: LOS SOPORTES Y LAS RESISTENCIAS SON RANGOS DE PRECIOS. En muchos manuales estos están representados como líneas, por lo que un lector principiante piensa que los soportes y resistencias son solo niveles de precios, por ejemplo 55$ para el petróleo, en vez de ello muy a menudo son realmente rangos de precios, en el caso del petróleo podría por lo tanto estar entre 54,5$ y 55,5$.

Por lo tanto, el consejo que daría a los traders que están acostumbrados a dibujar líneas horizontales con malos resultados es que representen los soportes y resistencias con rectángulos como en los siguientes ejemplos.

CASO EUR/GBP

Imagen 3.6: Soporte en el gráfico de EUR/GBP

Este es el tipo de cambio euro/libra, diario. En el gráfico de arriba podemos ver que mi soporte está representado por una línea recta horizontal al nivel de 0,84909 y también podemos ver que los precios han cortado este soporte varias veces durante la sesión, pero siempre han cerrado por encima de este nivel.

Al ver esta imagen, lo primero que se le ocurre a un operador que confía en los libros que ha estudiado es que el mercado, debido a la alta volatilidad, ha creado muchas rupturas falsas. ¡¡NO ES ASÍ!!

¿Qué han hecho realmente los precios?

Los precios siempre han rebotado en el soporte simplemente en algunos casos han tomado la parte superior del soporte, en otros la parte inferior.

Entonces, ¿por qué identifiqué el soporte en el área 0.84909?

La respuesta es que lo puse un poco al azar... Déjame explicarte.

El soporte no es la línea horizontal 0.84909, sino que es toda el área desde 0.84952 hasta 0.84738.

Imagen 3.7: Área de soporte en el gráfico de EUR/GBP

¿Por qué entonces en muchos libros se representa con una línea recta?

Se representa con una línea recta porque los traders experimentados generalmente prefieren un gráfico limpio y eligen dibujar una línea recta en lugar de dibujar un rectángulo, pero saben muy bien que **LOS SOPORTES Y RESISTENCIAS SON BONOS DE PRECIO**.

A lo largo de este libro también mostraré gráficos donde los soportes y resistencias estarán representados por líneas rectas, pero ten en cuenta que siempre son áreas.

EL CASO DE PETRÓLEO

Ahora que hemos definido los soportes y las resistencias como áreas de nuestra carta que pueden ser identificadas con rectángulos, nos queda por entender cómo sacar el máximo provecho de ellas en nuestras operaciones.

Imagen 3.8: Gráfico diario del petróleo

La imagen de arriba es el gráfico diario del petróleo, analizándolo notamos que estamos en una clara tendencia alcista caracterizada por altos y bajos crecientes. Imaginemos que estamos frente a este gráfico y queremos ir al alza con el petróleo, pero seguramente el nivel de 74$ tocado por los precios a finales de junio es demasiado alto, por lo que debemos identificar un soporte para poder posicionarnos al alza. Así que estamos esperando un retroceso del precio para obtener una mejor relación riesgo/rendimiento.

¿Cómo identificamos el soporte en el que nos gustaría entrar?

En primer lugar, como se muestra en el caso anterior, debemos buscar una zona en la que los precios hayan rebotado varias veces en el pasado.

Imagen 3.9: He identificado las zonas en las que los precios se han recuperado

Al ampliar el gráfico, me doy cuenta de que entre 64 y 65 dólares hay una zona en la que los precios han rebotado varias veces, precisamente tres, de hecho una vez que esta zona ha funcionado como soporte, entonces ha funcionado dos veces como resistencia.

Un ojo atento ahora podría preguntarme por qué no elijo el área alrededor de 66,50 dólares, de hecho incluso en esa área los precios han rebotado varias veces. La razón por la que prefiero el soporte en el área de 64 dólares es porque nunca ha sido roto por los precios, mientras que el área de 66 dólares ya se ha roto varias veces precisamente dos veces, es decir, antes de los rebotes en el área de 64 dólares.

Imagen 3.10: Evidencia del área de soporte

Ahora solo tenemos que resaltar el área por medio de un rectángulo. Este rectángulo, para ser dibujado correctamente, tendrá que incluir la mayoría de las sombras de las velas que han llegado a la zona de precio que nos interesa.

En nuestro caso específico, el área de soporte que nos interesa va de 63,98 a 64,88 dólares.

¿Qué deberíamos hacer en este momento?

Solo tenemos que **esperar** a que los precios vuelvan a la zona resaltada por nosotros, para posicionarnos al alza a favor de la tendencia principal.

Imagen 3.11: Los precios vuelven a poner a prueba mi soporte

Después de poco más de un mes los precios del petróleo volvieron a bajar y golpearon el soporte que estábamos monitoreando al sacar una pequeña vela alcista, así que decidí entrar con un stop loss protector en el área de los $63.98 y stop loss a precios de cierre por debajo del nivel de los $63.98. (El "Protective Stop Loss" y el "Stop Loss" a precios de cierre serán discutidos en la séptima ley). Mis targets son: primero el nivel de $67.50, luego el nivel de $70, y finalmente los máximos anteriores en el área de $75. Estos son todos los niveles donde hay viejos soportes que se han convertido en resistencias porque fueron rotos por los precios.

NOTA: Justo cuando decidí entrar, los precios golpearon mi área de soporte y justo en ese momento, es decir, en dos días, mostraron indecisión cerrando siempre por encima del nivel de 64,88 dólares, por lo que confirmaron la eficacia del área de soporte resaltada por mí.

Imagen 3.12: El gráfico del petróleo después de mi larga entrada

En los días siguientes los precios empiezan a subir de nuevo y en menos de 15 días alcanzan tanto el primer como el segundo target, por lo que me llevo a casa parte de mi posición y dejo que el último tercero llegue al target final, que se alcanza después de un mes. Profundizaré esta última parte en el fraccionamiento de la posición en el punto 6, por el momento basta con haber comprendido cómo identificar y aprovechar las zonas donde hay soportes y resistencias estáticas.

4: *Trabajo fácil, pocos indicadores*

La cuarta ley es especialmente importante para los traders menos experimentados pero muy dispuestos. Digo esto porque muchos libros de trading explican muchos indicadores: promedios móviles, bandas de Bollinger, RSI, MACD y muchos otros. *¿Qué efecto tiene esto en los traders?*

Tiene como consecuencia que los traders, confiando en la regla, empiezan a tener gráficos con al menos 3 indicadores diferentes y cada vez que ven una posición abierta, y desafortunadamente el 90% de las veces pierden dinero. Hay varias razones para esto, por ejemplo, con respecto a los promedios móviles la señal se retrasa a menudo, o si el RSI está en la zona de sobreventa o sobrecompra no obliga a los precios a subir o bajar, pero pueden continuar con seguridad su tendencia. No quiero extenderme demasiado en esto porque no es el final del capítulo, pero es para evitar que el trader caiga en esta situación...

Imagen 3.13: Gráfica diaria del oro con tres indicadores fijos

El gráfico anterior es el oro en el marco de tiempo diario. Dentro de la gráfica puse 3 indicadores: RSI en 14 períodos, MACD (12,26,9), y bandas de Bollinger 20,2.

En un gráfico como el de arriba es difícil hacer análisis, porque los diferentes indicadores presentes proporcionan demasiada información que lleva al analista a cometer errores, o al menos crean una gran confusión que le quita lucidez y por lo tanto dinero. Además, los diferentes indicadores en ciertos momentos dan señales discordantes, veamos un ejemplo.

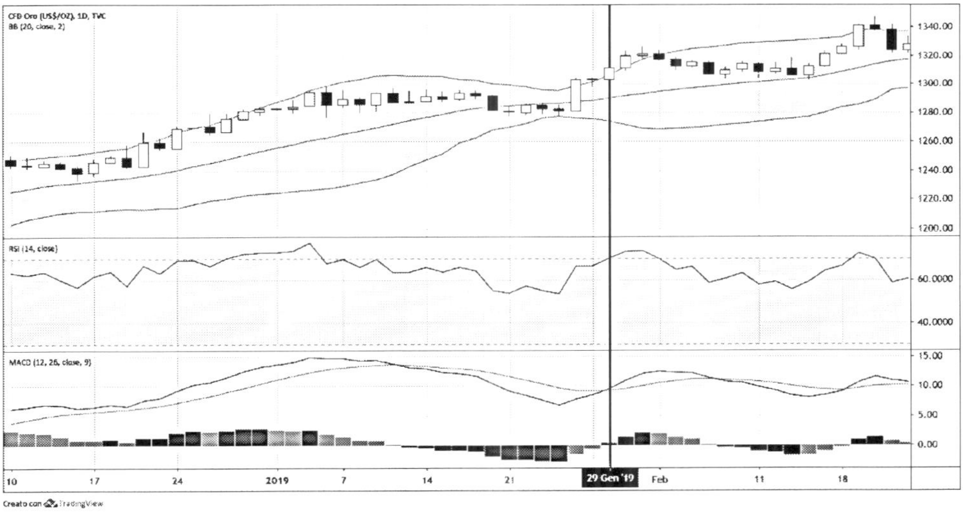

Imagen 3.14: Señales contrastantes en la gráfica diaria del oro

El gráfico de arriba es siempre el oro en un marco de tiempo diario, simplemente hice un zoom en la imagen para mostrar un ejemplo clásico donde varios indicadores dan señales discordantes. El 29 de enero nuestro gráfico nos da la siguiente información:

- RSI en el área de sobrecompra, *señal bajista.*

- MACD con la línea recta más rápida que intersecta la *señal* alcista más lenta.

- Las bandas de Bollinger donde la banda superior se ha roto por el aumento de los precios, *señal de bajada.*

Resumiendo, hemos establecido 3 indicadores diferentes que nos dan señales contradictorias... bueno, muy bien... es oficial, ¡no sabemos qué hacer!

¿Qué debe hacer un trader en una situación así?

Lo mejor que puede hacer es borrar todos estos indicadores. El trading ya es bastante difícil por su naturaleza y no hay necesidad de complicarlo aún más. Es lo mismo que hacen en las escuelas de fútbol los niños, si no eres bueno con los pies juega fácil, baja la pelota y seguramente cometerás menos errores. En el trading es exactamente lo mismo: **TRABAJO FÁCIL**.

¿Qué debería estudiar sobre el gráfico entonces?

El PRECIO, el PRECIO y de nuevo el PRECIO, porque es precisamente el PRECIO el que nos dice cómo se mueven los mercados, los indicadores no son más que representaciones de los precios. ¿Es así como cuando tienes que conocer a un chico o una chica prefieres conocerlos en persona o escribirles en Facebook mirando su perfil todo alterado?

Los indicadores son como el photoshop, te engañan, te hacen dudar y apenas te muestran cómo es la realidad.

Por lo tanto, lo mejor es borrar todos estos indicadores/osciladores, mantener un gráfico limpio y observar los movimientos de los precios cuidadosamente.

Revisamos el caso del oro entre mediados de agosto de 2018 y principios de marzo de 2019 sin utilizar ningún indicador.

Imagen 3.15: El análisis de los precios en el gráfico del oro

En comparación con el anterior gráfico lleno de indicadores, el último es mucho más limpio y también más fácil de leer e interpretar.

Lo primero que se nota es la presencia de una morning star a mediados de agosto, la última es una señal alcista que debe hacerme pensar en un posible cambio de tendencia. Tal inversión se confirma en los días siguientes, de hecho los precios después de una fase de lateralidad que comienza a finales de agosto hasta finales de septiembre, empiezan a subir fuertemente y en los meses siguientes marcan altibajos crecientes. La tendencia continúa hasta mediados de marzo hasta que se forma una evening-star en el gráfico, una señal bajista decididamente importante que hace bajar los precios en los días siguientes. Me gustaría subrayar que ambas señales de reversión se presentan con volúmenes importantes, no es un caso porque en el mundo del trading en la mayoría de los casos, no en todos, la señal de que una tendencia ha terminado y está a punto de comenzar otra se confirma por la presencia de volúmenes importantes.

Ahora reexaminemos el caso anterior, en el que habíamos establecido los tres indicadores que nos dieron señales contradictorias y, por consiguiente, nos llevaron a una gran confusión.

Imagen 3.16: Estudio de precios en el que los indicadores mostraron señales contradictorias

Estudiando los precios lo primero que notamos es que estos desde principios de año hasta finales de enero están dentro de una tendencia lateral, resaltada por el rectángulo en la figura.

¿Qué haces cuando estás dentro de un rectángulo?

O bien se explota comprando en la parte inferior del rectángulo y vendiendo en la parte superior, o bien se espera a que haga una ruptura en la parte superior o en la parte inferior para posicionarse en la dirección en que se dirigen los precios. En nuestro caso los precios están dentro de una tendencia alcista principal a medio plazo, rompen el rectángulo hacia arriba, por lo que lo más sensato es entrar en largo con stop en el cierre de los precios por debajo de la parte inferior del rectángulo. Esto demuestra que estudiar los precios es siempre mejor que usar indicadores y osciladores que arriesgan confundir al trader con una visión distorsionada del mercado.

5: *No anticiparse al mercado*

Muchos traders principiantes, recién salidos de los manuales y las horas de estudio, a menudo tratan de anticiparse al mercado, de anticiparse a él. Desafortunadamente al mercado no le importa en absoluto lo que pensamos y lo que creemos, al contrario, a menudo puede darnos falsas señales que pueden llevarnos a abrir posiciones y perder mucho dinero. Como dijo el economista estadounidense John Kenneth Galbraith ***"La función de las previsiones económicas es hacer que la astrología parezca respetable".*** Nunca una frase fue más verdadera.

La pregunta que seguramente surge en este punto es:

" Si no puedo predecir los mercados, ¿por qué estoy estudiando trading?"

Aquí la diferencia es sutil, pero fundamental. El trader no quiere predecir el mercado. No me importa si el petróleo en diez años costará 500 dólares por barril o 5 dólares por barril, no puedo saberlo y no podré predecirlo ni siquiera con todos los datos del mundo. Lo que me interesa es identificar la tendencia cuando analizo los gráficos, identificar el mejor nivel de entrada y seguir la tendencia tanto como sea posible.

Identificar el mejor nivel de entrada, esta es la parte en la que muchos traders cometen errores y les cuesta caro, la razón por la que cometen errores es porque quieren anticiparse al mercado, preverlo. EL MERCADO NUNCA DEBE SER ANTICIPADO.

He escuchado a muchos traders decir: *"seguramente desde ese nivel verás que se inclinará y volverás a subir"*. En esta frase hay dos errores: el primero es que de seguro nunca hay nada en el trading, por eso siempre hay que ser cauteloso y tener en cuenta las pérdidas, el segundo es que el nivel del que hablaba nuestro amigo se ha roto por los precios y se ha esfumado la mitad de la cuenta.

Una regla que siempre aplico cuando quiero entrar en un instrumento financiero en particular es ***esperar siempre al cierre diario***, porque yo opero y analizo los gráficos diarios, para aquellos que usan gráficos de plazos más bajos el discurso no cambia. He decidido integrar esta regla a mis operaciones porque muy a menudo durante un día puede haber falsas señales de los precios, por ejemplo, falsas roturas de soportes o resistencias, para no ser víctima de éstas prefiero analizar y decidir si entrar o no en el mercado solo al final del día y a la luz de las velas dibujadas.

Entonces, ¿cómo sé cuándo entrar en el mercado?

Cuando se quiere entrar en posición en un instrumento financiero en particular, lo mejor es identificar los niveles de precios más importantes.

En el pasado cometí muchos errores tratando innecesariamente de anticipar los precios, pero mi operación mejoró solo cuando comprendí la importancia de identificar ciertos niveles de precios, como los soportes y las resistencias, y de esperar a que **el final de los precios de cierre diario** me diera alguna señal de que el soporte o la resistencia habían funcionado.

Me explicaré mejor con un ejemplo:

Imagen 3.17: Zona de resistencia en el gráfico diario GBP/JPY

Estamos en el gráfico diario GBP/JPY, los precios han rebotado varias veces en el área de resistencia entre 148,03 y 147,28 (me refiero al área de resistencia como se explica en la tercera ley). A mediados de septiembre esta área está fuertemente quebrada por los precios que traen nuevos máximos. Hasta este punto estoy ansioso por entrar en la subida, pero quiero esperar el mejor momento, que es un retorno en la zona resaltada que ha pasado de ser una zona de resistencias a ser un nivel de soporte.

Imagen 3.18: Los precios vuelven a mi zona de soporte

En los días siguientes los precios empiezan a bajar y vuelven a mi zona de soporte, de hecho casi la rompen. **No es el momento de entrar en largo**, porque es cierto que los precios están de vuelta para probar el nivel, pero no me "dijeron" que el soporte está funcionando, de hecho parecen decididos a bajar de nuevo.

Creato con TradingView

Imagen 3.19: Los precios rebotan en mi área de soporte

Los siguientes precios dibujan una vela alcista que parece mostrar una buena fuerza de los compradores, también esta vela se dibuja justo donde yo había trazado mi soporte. ESTE ES EL MOMENTO DE ENTRAR LARGO, ya que se da la condición que yo prefiero:

Soporte o Resistencia + Vela favorable a mi análisis

Imagen 3.20: Análisis del gráfico diario GBP/JPY

En los días siguientes disfrutamos de una buena subida hasta principios de noviembre donde creamos una shooting star que acerca los precios a la zona de soporte.

Es interesante observar que a finales de noviembre creamos una nueva vela alcista justo al lado de nuestra zona de soporte y la situación que preferimos para entrar en el mercado, vela de soporte + confirmación y en consecuencia volvemos a subir, obteniendo beneficios de nuestra operación.

Un último consejo que me gustaría dar es que tan pronto como te des cuenta de que has abierto una posición sin el análisis adecuado, pero solo porque mirando el gráfico por un segundo tu cerebro dice: *"¡Qué oportunidad! "¡Abre, abre!"*. Lo mejor es salir del mercado inmediatamente, ya sea que estés en ganancias o en pérdidas, porque las operaciones que surgen de un subidón de adrenalina difícilmente traen dinero a la cuenta.

6: *Dividir la posición*

¿Qué significa dividir una posición?

Dividir una posición significa liquidar una parte de los contratos negociados, luego cerrar una parte de la posición que puede ser un 25%, un 33%, un 50% etc... De esta manera el trader puede garantizarse un cierto beneficio, por supuesto si los precios continúan moviéndose en la dirección en la que está posicionado renunciará a una parte del beneficio.

Dividir la posición es definitivamente una gran manera de mantener el control de tus operaciones en el mercado. Ya que la división nos permite controlar constantemente nuestra exposición, pues es precisamente esta última la que trae ansiedad y estrés a los operadores. Por ejemplo, si compro un barril de petróleo y el precio de este último pasa de 100 a 50 dólares en un día no me preocupo, ya que solo perdí 50 dólares, pero si en lugar de comprar uno compro 1000 barriles, solo que el precio pasa de 100 a 99 dólares ya me da ansiedad ya que son 1000 dólares los que salen de mi cuenta en pocas horas.

Supongamos que compramos mil barriles, por alguna razón probablemente irracional por un exceso de euforia, pero después de unos minutos que estamos en posición nos da una ansiedad loca y no podemos permanecer lúcidos frente a la pantalla. ¿Qué hacemos?

A lo largo de los años he visto a muchos traders hacer este movimiento: quitar todo tipo de stops, apagar el ordenador y rezar mucho... ¿Cómo terminó? A veces bien, tal vez incluso obtuvieron beneficios, otras veces...

redujeron a la mitad su saldo. Por supuesto que esto no es lo correcto, de hecho si piensas que estás demasiado expuesto lo mejor que puedes hacer es cerrar inmediatamente una parte de tu posición, y luego dividirla. Volviendo al caso de los mil barriles, simplemente cierra el 90% de tu posición y quédate solo con 100 barriles, de esta manera estarás menos expuesto en el mercado y sobre todo estarás más lúcido y tranquilo frente al monitor, en pocas palabras habrás recuperado el control.

El fraccionamiento se vuelve muy útil incluso cuando el mercado no se comporta como tú esperas, es decir, cuando pierdes la confianza en tu posición. Esta es una de las situaciones más delicadas para un trader, porque si tú mismo no crees en tu inversión nadie cree en él, como resultado esta inseguridad a menudo conduce a errores triviales que causan pérdidas inevitables de dinero.

Muchos traders cuando estudian un instrumento financiero estudian el gráfico hasta el momento en que entran en la posición, entonces una vez que entran... shhhhhhh... el mercado para ellos inmediatamente se vuelve mudo. Ya no analizan las velas subsiguientes, sino que solo esperan que se muevan en la dirección esperada. En realidad el gráfico siempre está cambiando y debe ser observado día tras día, (en caso de que estudie los gráficos diarios, hora tras hora si opera en plazos más bajos) luz de vela tras luz de vela porque los precios siguen moviéndose y luego nos dicen cómo se está moviendo el mercado. Analicemos un caso real:

Imagen 3.21: Tendencia alcista en el gráfico diario del índice Nasdaq

Estamos en el gráfico diario del índice Nasdaq. Me doy cuenta de que estoy en una tendencia alcista marcada por el aumento de altos y bajos, también identifico una buena zona de soporte en el que entrar en el mercado, que es golpeado por los precios, en particular el spinning top, la vela más derecha en la imagen, me da la confirmación de que el soporte ha funcionado, consecuentemente dentro de mucho tiempo con el stop loss de protección en el nivel de 7231 y el stop loss al cierre de los precios por debajo de la parte inferior del rectángulo.

Imagen 3.22: Aclaro la posición en el índice Nasdaq

Después de dos días de mi entrada en el mercado los precios forman una vela de indecisión/reversión particularmente importante, ya que tiene una sombra muy larga, señal de que los precios han subido durante todo el día, pero el cuerpo es muy pequeño, por lo que todo el movimiento alcista ha sido reabsorbido por el mercado. Esta situación me crea una indecisión particular y pierdo la confianza en mi posición alcista, por lo que para poder dormir tranquilo y mantener el control de mis operaciones sin que me afecte el estrés decido cerrar el 50% de mi posición, no todo porque mi soporte aún no se ha roto.

Imagen 3.23: Recuperación de la tendencia alcista del índice Nasdaq

En los días siguientes, los precios reanudan su ascenso superando incluso los máximos anteriores y soy capaz de traer a casa un buen beneficio. Seguramente si no hubiera cerrado una parte de la posición habría sacado más provecho, pero no habría tenido la misma tranquilidad, por lo que prefiero reducir la ganancia, y poder operar con la calma necesaria para ganar.

La función más importante de la división ciertamente concierne a los targets, de hecho es importante dividirlos y no tener un solo target final, sino tener más targets en el gráfico. Personalmente cuando entro en el mercado posiciono al menos dos o tres targets, para garantizarme un beneficio, reducir la exposición y al mismo tiempo dejar que los precios corran. La situación ideal que prefiero cuando posiciono los targets es la siguiente:

- Primer target: cierro el 35% de mi posición

- Segundo target: cierro un segundo 35% de mi posición

- Tercer target: Cierro el 25%/30% de mi posición, escribo el 25% porque en caso de que se posicione en acciones de empresas donde veo un potencial importante siempre elijo dejar un 5% a largo plazo.

Veamos un ejemplo real:

Imagen 3.24: Elección de los target en el caso del petróleo

Estamos en el caso del petróleo visto en la tercera regla, para resumir, sin explicar el análisis porque ya ha sido ilustrado en el punto tres, entramos largo comprando 100 barriles de petróleo al cierre de la vela resaltada por la elipse y definimos tres targets: 67,49 dólares, 70,01 dólares y 75,10 dólares. Estos tres niveles fueron elegidos porque corresponden a importantes soportes y resistencias que han funcionado en el pasado.

Respetando el esquema ilustrado arriba, dividí mi posición de esta manera:

- Cerré 35 barriles tan pronto como los precios alcanzaron el nivel de 67,49 dólares.

- Cerré otros 35 barriles de los 65 que me quedaban una vez que los precios alcanzaron los 70,01 dólares.

- Cerré los últimos 30 barriles cuando el precio del petróleo alcanzó los 75,10 dólares.

Otra situación en la que la división de posiciones puede ser útil es, desde luego, antes de que salgan noticias importantes, que pueden mover fuertemente el mercado creando una alta volatilidad y una alta probabilidad de perder el beneficio de una transacción bien pensada en unos pocos segundos. Así que en estas situaciones es una buena idea cerrar una parte de la posición y dejar solo el 40/50% a merced de la noticia. A través de esta simple astucia si la noticia está a nuestro favor inflamos bien nuestra cuenta, por el contrario, si es desfavorable ya hemos cobrado una parte del beneficio que habíamos conseguido.

El último tema que quiero tratar antes de pasar a la séptima regla es la mediación, es decir, cuando un trader aumenta su exposición en un instrumento financiero que ya ha comprado y que está bajando, para mediar el precio de entrada inicial. Hagamos un ejemplo práctico: nuestro amigo decide comprar una acción a 30 euros y en lugar de fijar un stop decide comprar esa acción de nuevo cada vez que baje 2 euros, porque él piensa: *imagina si valdrá menos de 10 euros*. Así que el trader inexperto comprará a 28 euros, luego a 26 euros, luego a 24 euros hasta que el precio baje*, porque no bajará a 10 euros,* ¿pero qué pasa si lo *hace*?

Si llegamos allí, nuestro amigo tiene 11 posiciones a pérdida con una gran cantidad de capital invertido sin ninguna certeza de que los precios subirán. Seguramente era mejor tomar el stop, porque en el trading las pérdidas son inevitables, son parte del juego y deben ser vistas como costos en los que hay que incurrir para llevar a cabo tu negocio. A través de este ejemplo queda claro que la mediación es una de las formas más rápidas de destruir su cuenta comercial, por lo que aconsejo encarecidamente no hacerlo.

7: *Stop loss en el cierre de la vela y el stop loss de protección*

¿Qué son el ***stop loss en el cierre de la vela y el stop loss de protección***?

Estos dos términos fueron inventados por mí. Por supuesto que no soy el único trader que usa esta estrategia, pero para mayor claridad en la explicación decidí dar un nombre a ambos. A lo largo de los años, estos dos tipos de stops me han ayudado a salvaguardar siempre mi capital sin perder nunca el control de una operación.

Inmediatamente damos una definición de ambos términos para facilitar la explicación de ambos conceptos.

Stop loss a los precios de cierre: Este stop loss no es un stop loss establecido en la plataforma de operaciones, sino que es un stop loss mental que el operador debe tener en caso de que los precios de cierre del día rompan un nivel determinado previamente establecido, como un soporte, una resistencia o una línea de tendencia. El objetivo de este stop loss es evitar sufrir pérdidas tontas. Quien sea que esté operando seguramente habrá colocado el stop clásico y éste ha sido golpeado por los precios en un momento de alta volatilidad, mientras que al final del día la tendencia vuelve a ser lo que se pensaba. En la práctica, en lugar de ganar 50 euros, has perdido 30 euros solo porque la volatilidad te ha perjudicado. El stop en el cierre de los precios nos permite evitar esta situación cerrando la posición manualmente al cierre de la vela. Hay dos razones por las que siempre espero hasta que la vela se cierra para cerrar la posición o no:

- *evitar ser víctima de las señales falsas del mercado.*

- *tener una visión más clara de lo que está sucediendo en el gráfico.*

Stop loss de protección: Este stop es el clásico stop automático que ofrecen todas las plataformas. En mi operatividad no establezco este stop según el análisis técnico, sino en función de cuánto dinero estoy dispuesto a perder por cada operación que hago, en mi caso un 1% de todo el capital que tengo. Naturalmente, si el nivel en el que establezco mi stop de protección coincide con un buen nivel técnico, mejor aún, pero por lo demás siempre prevalece la salvaguarda del capital.
Vemos cómo aplicar el stop loss al cierre de los precios y el stop loss de protección a un caso real de trading.

Imagen 3.25: Identifico la tendencia bajista del tipo de cambio GBP/USD

Estamos en el tipo de cambio GBP/USD en un marco de tiempo diario. A través del estudio de la tendencia vista en la primera ley vemos que esta es una tendencia totalmente bajista, queremos entrar en corto en el tipo de cambio, vendiendo la libra esterlina y comprando el dólar americano.

Imagen 3.26: Identifico el área de resistencia en el tipo de cambio GBP/USD

En los días siguientes la libra comienza a apreciarse frente al dólar, por lo que busco un buen nivel para posicionarme en un nivel más bajo para seguir la tendencia principal. El nivel que me interesa es seguramente el área de resistencia alrededor del nivel de 1.2750 que he resaltado con el rectángulo en la figura.

Imagen 3.27: He fijado el stop loss de protección y el stop loss al cierre de los precios

Después de un par de días los precios vuelven a entrar en la zona que he destacado y al final del día dibujan un doji, vela de la incertidumbre/inversión, así que decido entrar corto.

¿Dónde pongo el stop loss?

Pongo el stop loss al cierre de los precios por encima de la parte superior del rectángulo, esto significa que al final del día iré a ver donde el precio ha alcanzado el tipo de cambio, y si este es más alto que el precio correspondiente la parte superior del rectángulo cerraré la posición, por el contrario la dejaré abierta.

Por otro lado, fijé la pérdida de protección en el nivel de 1.28020 que no tiene ninguna razón técnica, sino que simplemente coincide con el 1%

de mi capital, por lo que si este nivel fuera alcanzado, perdería el 1% de mi cuenta de operaciones.

Imagen 3.28: Los precios golpearon mi stop en los precios de cierre, pero se cerraron por debajo de él

Al día siguiente los precios bajan fuertemente, y por lo tanto ya estamos en ganancia con nuestra posición, pero analizamos cuidadosamente la vela del 25 de junio resaltada con la elipse.

Un operador que acaba de terminar sus estudios, siguiendo correctamente su manual, habría colocado el stop loss (me refiero al stop loss de la plataforma automática) por encima del máximo doji. Sin embargo, le habría impresionado la vela del 25 de junio, ya que el día era muy volátil y los precios iban muy por encima del máximo del doji, y luego cerraba el día muy por debajo de él.

Imagen 3.29: El dólar sigue apreciándose frente a la libra esterlina

En este caso, como en muchos otros, el stop loss al cierre de los precios evitó una pérdida tonta y nos permitió ganar mucho dinero. De hecho, como se puede ver en la imagen de arriba, el precio en el mes siguiente cae muy fuertemente, y si un trader sabe manejar bien la posición dividiendo los targets correctamente como se ve en la sexta ley puede ganar mucho dinero teniendo siempre el control total del mercado.

Una pregunta que se me ha hecho a menudo cuando explico esta estrategia es: *"¿Por qué también usar el stop loss de protección, no es suficiente con el de cierre de los precios?*

NO, porque el mercado es impredecible, porque nunca se sabe lo que puede suceder, así que sin un stop loss de protección **te arriesgas en**

cualquier momento a que tu cuenta sea destruida por las noticias o la alta volatilidad.

Veamos un caso real:

Imagen 3.30: Identifico el área de soporte en el gráfico de la plata y establezco solo el stop loss al cierre de los precios

Estamos en el gráfico diario de la plata, a través de un estudio técnico nos damos cuenta de estar en una tendencia descendente porque los máximos están disminuyendo, pero también notamos una zona de soporte por encima de la cual se forma un doji, este último se forma ligeramente por debajo del soporte, pero sigue siendo una señal de indecisión / inversión porque la ruptura de un nivel de muy pocos pips no se puede definir una ruptura real. Estando en esta situación algunos operadores podrían decidir posicionarse al alza para aprovechar el retroceso, personalmente lo habría evitado ya que estaría posicionado contra la tendencia, pero como entrada no está mal.

Imaginemos ahora un trader que decide no colocar el stop de protección, sino utilizar solo el stop loss al cierre de los precios, que se posiciona por debajo del nivel de 15.884 que coincide con el mínimo doji. Así que nuestro amigo cerrará la posición solo si los precios cierran al final del día por debajo del nivel de 15.884.

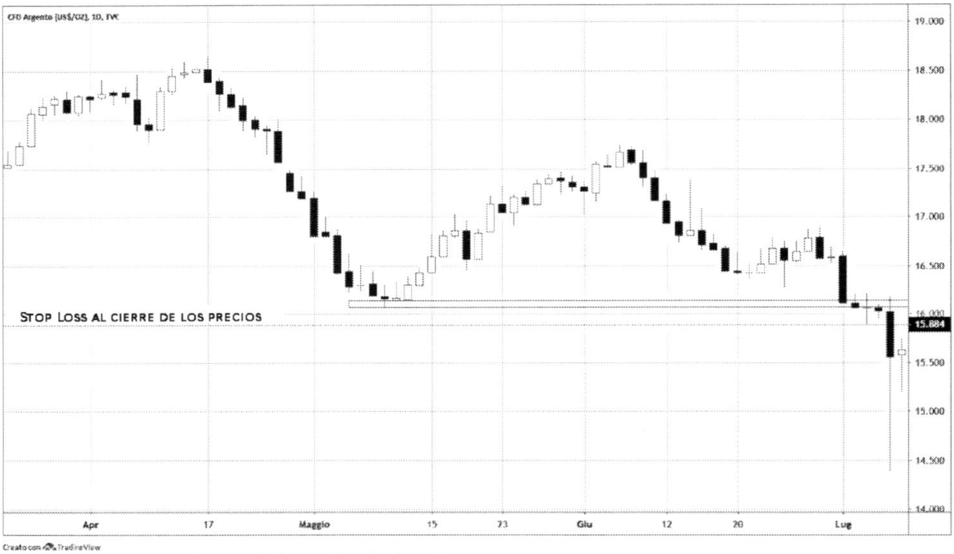

Imagen 3.31: Colapso del precio de la plata

Después de dos días que nuestro amigo está en posición el precio de la plata cae considerablemente y luego cierra al final del día cerca del nivel de 15.500, nuestro amigo ha perdido mucho más del 1% de su capital cerca del 3%, ¡ya es demasiado para una posición!

Imaginemos ahora que nuestro amigo durante el día cuando los precios cayeron en picada ha abierto su plataforma cuando la plata marcó 14.500, aparte del 1% del capital, en ese momento está perdiendo casi el 15% de su capital, ¡¡UNA LOCURA!! Desde el punto de vista emocional nuestro amigo seguramente se habría asustado y seguramente habría actuado de manera irracional con una buena posibilidad de empeorar la ya dramática situación.

A través de este ejemplo de la plata es muy fácil entender cómo establecer los dos stops descritos en el capítulo. Claro, casos como este último analizado raramente ocurren en los mercados, pero quien quiera hacer el trading de su trabajo seguramente se encontrará frente a tales días y por lo tanto tendrá que estar listo para defender su capital.

8: *Stop en el punto de equilibrio, incluso después de un beneficio*

El stop del punto de equilibrio después de la ganancia es una de las cosas más inteligentes que un trader puede hacer cuando opera en los mercados.

¿Qué quiero decir con un stop del punto de equilibrio después de una ganancia? Quiero decir que cuando ves que una posición que has abierto tal vez unos días, o unas horas - depende del marco de tiempo que estás usando - que está en beneficio, pero no ha tomado tu toma de beneficios todavía, lo MEJOR que se puede hacer SIEMPRE es mover el stop loss al punto de equilibrio.

¿Por qué es esto lo mejor que se puede hacer?

Porque en caso de que el mercado cambie repentinamente de dirección o sea víctima de una alta volatilidad, podrías convertir una posición que te estaba dando ganancias en una que tomara tu stop loss. *No hay nada más irritante que pueda sucederle a un trader.* Por lo tanto, lo mejor es protegerse de esta situación: MOVER EL STOP LOSS AL PUNTO DE EQUILIBRIO.

Por supuesto, la elección de mover el stop debe considerarse de acuerdo con la situación, es decir, no es que tan pronto como tu posición pase alcance unos cuantos pips de beneficio, fijes inmediatamente el stop de ruptura, porque de esta manera te arriesgarías a tomarlo inmediatamente reduciendo considerablemente tus posibilidades de tomar la ganancia potencial que te podría traer esa operación.

Hay dos variables que deben afectar a su elección de cuándo alcanzar el punto de equilibrio:

1) Volatilidad del mercado: si estás operando en un mercado muy volátil, claramente tendrá sentido mover el stop para que se rompa el punto de equilibrio solo cuando tengas un beneficio de unos pocos pips y las posibilidades de tomar el stop debido a un giro repentino del instrumento sean bajas.

2) El tiempo que quieres mantener la posición abierta: el stop debe estar siempre relacionado con esta variable, por ejemplo si decides comprar acciones de Facebook para mantenerlas durante unos años no tiene sentido poner el stop incluso después de dos o tres días, pero tendrá sentido hacerlo solo después de unos meses, cuando las acciones se hayan revalorizado.

El concepto en el que se basa este mandamiento comercial es básicamente el siguiente: en lugar de perder, es mejor cerrar la posición de equilibrio.

Les mostraré los siguientes casos en los que la regla del punto de equilibrio me permitió salvaguardar mi cuenta de operaciones y evitar perder dinero innecesariamente.

CASO EUR/USD

Imagen 3.32: Identifico la tendencia y la posición de stop loss hasta el cierre de los precios y el stop loss de protección

Este es el tipo de cambio euro/dólar en el marco de tiempo diario. Lo primero que debe notarse es que la tendencia está en una fase bajista caracterizada por altos y bajos decrecientes marcados por la línea de tendencia. Aquí me doy cuenta de que los precios en su descenso han alcanzado un importante soporte en la zona 1.11934 y han creado un martillo, en consecuencia, al cierre de la vela, decido abrir una posición al alza, con stop loss al cierre de los precios bajo mi soporte, stop loss protector a 1.11704 y precio target la línea de tendencia superior. Quiero precisar que soy muy consciente de que lo que hago es una operación contra la tendencia, por lo que mi exposición será decididamente inferior, al menos la mitad, respecto a una posición a favor de la tendencia principal.

En los días siguientes los precios empiezan a moverse en la dirección esperada marcando altos y bajos crecientes alcanzando el área 1.3000 después de ocho sesiones. En este punto me doy cuenta de que los precios están todavía lejos de mi precio objetivo, pero también están lejos de mi stop loss.

¿Qué hace un buen trader en esta situación?

Un buen trader, en este punto se lleva a casa la mitad de la posición y aplica el primer mandamiento, es decir. **MUEVE EL STOP LOSS A LA RUPTURA INCLUSO**, en nuestro caso en el área 1.12148.

Imagen 3.33: He puesto el stop loss incluso en el tipo de cambio EUR/USD

Las ventajas de este movimiento son principalmente 2:

1) Si la operación sale mal, el trader no perderá dinero.

2) El trader puede dormir tranquilo, es decir, ya no tendrá que pensar: *uh, mi posición sobre el euro/dólar, quién sabe cómo se mueve el tipo de cambio, espero no perder dinero...* y podrá concentrarse en otros oficios, reduciendo en gran medida su nivel de estrés. Esto lo llevará a estar más lúcido y tranquilo y, por consiguiente, más rentable.

¿Qué pasará en los días siguientes?

Imagen 3.34: Los precios han alcanzado el stop loss en el punto de equilibrio

Sucede que el dólar comienza a apreciarse frente al euro y día tras día comienza a comernos toda la ganancia que hicimos, hasta que cae por debajo del nivel 1,11934, pero estamos tranquilos porque sabemos que hasta donde puede bajar el gráfico estamos cubiertos porque movimos el stop para alcanzar el punto de equilibrio.

El ejemplo que se muestra arriba aparece numerosas veces en los mercados y muchos traders inexpertos son víctimas de él, sufriendo así una gran decepción así como una pérdida de dinero.

Les recomiendo que cuando usen la estrategia del stop para alcanzar el punto de equilibrio NO piensen, NUNCA: *Cierro la posición ahora con poca ganancia, porque tengo el punto de equilibrio...*

¡¡NO LO HAGAS!! Si golpea el stop, se cierra como si no fuera así, si no es así, deja que la posición corra. Es una cuestión de disciplina, cuando se opera hay que imponer reglas y respetarlas siempre, de lo contrario, te conviertes en víctima de todas esas emociones que devoran a la mayoría de los operadores que pierden dinero.

CASO DE LA PLATA

Con este segundo ejemplo me gustaría mostrarles cómo ir más allá de la técnica del **stop del punto de equilibrio** y comenzar a utilizar el **stop loss en las ganancias**, para proteger las ganancias obtenidas a través de una operación comercial.

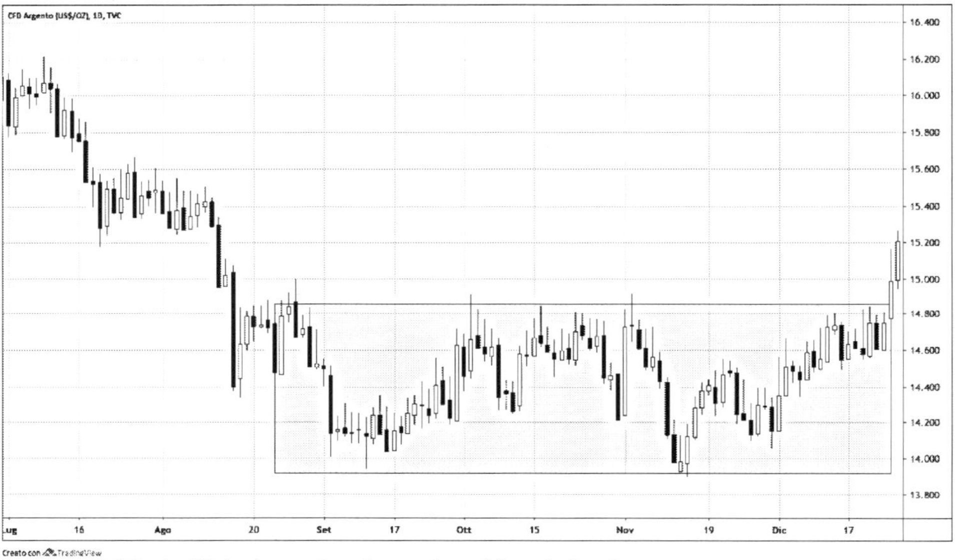

Imagen 3.35: Análisis de tendencias en la gráfica de la plata

Estamos en el gráfico de la plata en un marco de tiempo diario. En la imagen de arriba lo que se puede notar inmediatamente es que los precios después de una larga fase lateral, que he representado con un rectángulo, han logrado romper esta importante figura y han dibujado dos velas alcistas. Aquí lo que un trader debe observar y entender es que los precios de la plata después de una larga fase lateral comenzaron a subir, por lo que lo mejor es buscar retrocesos de precios para posicionarse a favor de la tendencia principal.

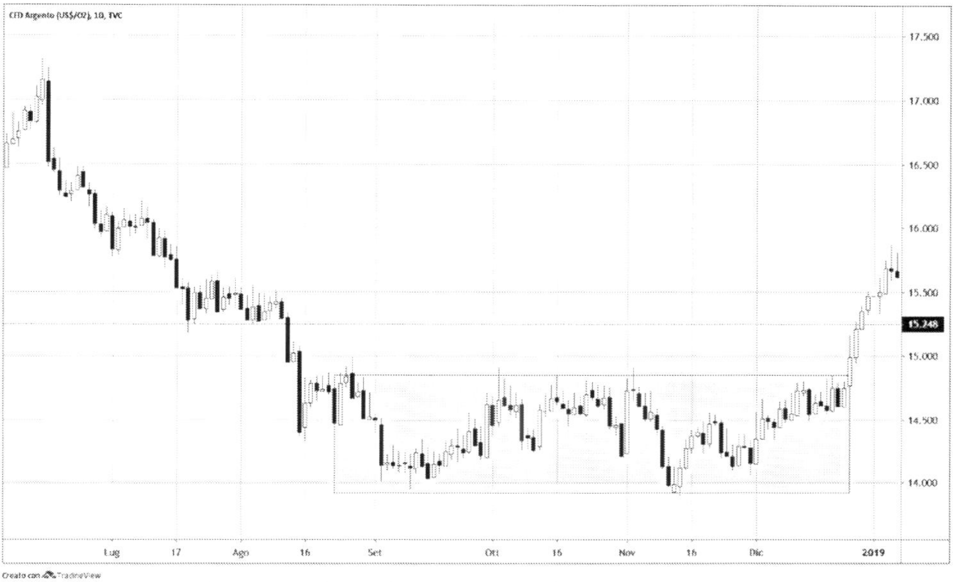

Imagen 3.36: Identifico un potencial soporte ascendente

En los días siguientes vemos cómo los precios suben. En este momento me doy cuenta del spinning top que me informa que la tendencia quiere frenarse y vamos a preparar un retroceso. En este caso no es necesario entrar en corto, porque iríamos en contra de la tendencia principal, pero buscamos un soporte que explotar para entrar en largo. Buscando en el pasado descubrimos que los precios han rebotado más veces en el nivel de 15.248, por lo tanto, trazo en mi gráfico el soporte y espero que los precios de la plata lo golpeen para entrar largo. Mis targets en esta operación son 15.800 primero, luego 16.200 y finalmente 17.000.

Imagen 3.37: Subo la plata y posiciono el stop loss al precio de cierre y el stop loss de protección

Los precios después de algunas sesiones finalmente alcanzan el soporte en el área 15.248, por lo tanto, decido entrar de largo con stop al cierre de los precios bajo el nivel de 15.200 y stop loss de protección 15.118, recuerda, como se dijo en el punto 7 que este stop debe ser elegido principalmente de acuerdo al capital disponible. En el caso concreto de esta operación he decidido, en base a mi exposición, posicionarla al 1% de mi capital.

Imagen 3.38: Coloco el stop loss incluso en la plata

En los días siguientes los precios suben con cierta fuerza, por consiguiente aplico primero la sexta ley y luego me llevo a casa un 1/3 de la posición en el área 15.800 e inmediatamente después aplico la octava ley, luego yo **TRANSFORMO mi Stop loss protector en el Stop loss en el punto de equilibrio para la** última en la zona 15.307, de modo que ni siquiera un movimiento repentino de los precios puede pillarme desprevenido.

Imagen 3.39: He fijado el stop loss en los beneficios de la plata

Después de unas cuantas sesiones de retroceso los precios de la plata parecen dispuestos a empezar a subir, pero no estoy seguro de que mis targets se vean afectados o de que los precios alcancen los anteriores máximos, la shooting star en el área 16.100. Por eso utilizo el **STOP LOSS EN LA GANANCIA**, por lo tanto muevo el stop loss en igual medida del área 15.307 al área 15.479, que está justo debajo del spinning top que ha hecho que vuelva a subir la plata. De esta manera si los precios continuaran subiendo alcanzaría mi target, por el contrario no perdería toda la ganancia ya obtenida.

Imagen 3.40: Los precios han afectado el stop loss en las ganancias

En los días siguientes los precios subieron fuertemente, alcanzaron mi segundo target en el área 16.200, apliqué la sexta ley y logré la mitad de la posición que me quedaba, y luego dejé correr la última parte de la posición, manteniendo siempre el stop loss en la ganancia. En las siguientes sesiones el precio de la plata comienza a bajar con fuerza y el stop loss es golpeado.

Quiero subrayar que si no hubiéramos aplicado la octava ley del último tercio de nuestra posición, no solo no habríamos ganado nada, sino que habríamos perdido dinero, ya que habríamos tenido que cerrar la posición deficitaria, porque habría golpeado el stop loss al cierre de los precios al quedar éstos por debajo del soporte presente en la zona de 15.248.

9: *Quedarse quieto*

La novena ley es clave para cualquier tipo de trader que quieras ser: un revendedor, un trader intradía, un trader de swing, etc... y es la siguiente: SI NO SABES QUÉ HACER, **QUÉDATE QUIETO.**

El trading no es un trabajo de cantidad como el de un empleado de una empresa que se paga según el número de horas que trabaja, sino un trabajo de CALIDAD. De hecho, no es importante cuántos oficios abre un trader, es fundamental QUE abre. A menudo veo a los traders novatos con una cartera de 5 bolsas de forex, 10 acciones, 3 índices y algunos criptográficos....

¿Parece una cartera fácil de manejar? La respuesta es NO, un portafolio demasiado amplio es muy difícil de manejar, especialmente para los menos experimentados.

¿Parece una cartera de éxito? Es posible... pero hay que ser muy, muy, muy bueno, porque todas las correlaciones entre los diversos instrumentos financieros entran en juego y para un trader, incluso con una experiencia modesta, ver la cartera llena de instrumentos crea confusión y **juicio borroso**, lo cual es fundamental en el trading, FUNDAMENTAL.

Un trabajo que refleja mucho el del trader es el del pintor, de hecho para este último no es importante la cantidad de cuadros que pinta, sino cómo los pinta. Si hace una obra de arte gana suficiente dinero para 10 generaciones, y lo mismo ocurre con el trader: si compra las acciones correctas en el momento adecuado y maneja bien la posición gana suficiente dinero para 10 generaciones. No obstante, hay una diferencia entre el pintor y el trader: si el pintor se equivoca en el cuadro no pasa nada, solo pierde tiempo, pero si el trader se equivoca en la transacción puede ser un desastre, porque pierde dinero y el dinero es la materia prima del trader.

Todo esto es para decir que si un trader no está seguro de la posición que está a punto de abrir, lo mejor que puede hacer es **QUEDARSE QUIETO.**

Si te quedas quieto puedes perder una oportunidad de ganar dinero, pero ciertamente sufres cualquier pérdida.

Otro escenario en el que recomiendo no operar es cuando te presionan por alguna razón, como exámenes universitarios, problemas familiares, etc. En tales situaciones, de hecho, no tienes pleno control de tu emocionalidad por lo que te arriesgas a cometer errores triviales y graves como abrir posiciones de las que no estás totalmente seguro o ampliar el stop loss o, peor aún, eliminarlas para esperar algún movimiento mágico del mercado. En resumen, el trading nos permite ganar bien sin tener que trabajar diez horas al día, pero cuando lo haces tienes que estar al máximo de tus capacidades mentales, para poder enfrentarte al mercado con total paz y seguridad. Si el día anterior tuviste una discusión con tu novia o recibiste malas noticias, apaga tu ordenador, descansa, haz otra cosa, relájate, ve a la piscina, al mar, mira una película, pero no te pongas delante de los gráficos, porque aumenta exponencialmente tus posibilidades de ser una víctima del mercado.

Otro escenario en el que no tienes que operar en el mercado es cuando sufres una serie de pérdidas consecutivas. Esta regla es fundamental para salvaguardar tu capital. Cuando opero y sufro una serie de pérdidas, decido apagar el ordenador y dedicar mi tiempo a hacer otra cosa para evitar sufrir más pérdidas, tal vez incluso más graves.
El mayor riesgo que corres cuando decides operar en el mercado después de una serie de pérdidas es querer recuperar rápidamente el capital perdido, tal vez solo para cerrar el día o la semana en beneficio. La primera cosa que un trader inexperto piensa, tal vez tres, cuatro o cinco pérdidas consecutivas es: *Ya me he equivocado cinco veces, es imposible que me equivoque de nuevo... ¿sabes qué? Me expondré un poco más. No me equivocaré esta vez...* **BUEN TRABAJO IDIOTA**, así es exactamente como quemarás tu cuenta. Nunca olvides que al mercado le importa un bledo lo que pensamos, así que podemos cometer errores 100 veces seguidas, lo importante es no perder nunca el control de la situación, y tan pronto como te des cuenta de que ya no estás mentalmente lúcido tienes que apagar el ordenador y disfrutar de la vida.

Otra situación en la que es mejor quedarse quieto y no operar es, definitivamente, después de importantes beneficios obtenidos, tal vez en varias posiciones consecutivas, sin encontrar nunca ni siquiera una pérdida. Ahora se preguntarán *por qué debo quedarme quieto si estoy en una gran racha*. La respuesta es muy simple, si estás en un momento muy positivo seguramente estarás muy confiado, te sentirás como un dragón y comenzarás a creer que te has convertido en el rey del trading en línea. El mayor riesgo al que te enfrentarás es el exceso de entusiasmo que podría llevarte a abrir numerosas posiciones, incluso con una alta exposición, y en muy poco tiempo podrías perder todas las ganancias que has conseguido con tanto esfuerzo.

Otro consejo que me apetece dar es que con frecuencia te tomes un descanso de las operaciones. Como se ha dicho antes, nuestro trabajo es un trabajo de calidad, así que cuando nos sentimos cansados, desmotivados y nos ponemos al frente de los gráficos con pocas ganas, lo mejor es apagar el ordenador y tomar un descanso para descansar la mente y poder volver después de unos días a trabajar con más energía.

El último caso en el que recomiendo encarecidamente quedarse quieto es antes de la publicación de noticias importantes como el cambio de los tipos de interés, las acciones del petróleo... Estas noticias pueden aumentar significativamente la volatilidad del mercado, creando confusión y estrés para los operadores. Con esto no quiero decir que si los datos de los tipos de interés de los EE.UU. salen el miércoles, no tenemos que operar toda la semana con el dólar, sino sólo evitar entrar en el mercado el miércoles. En caso de que haya posiciones abiertas en el instrumento que se verán afectadas por las noticias, en su lugar recomiendo protegerse bien con los stops discutidos en los capítulos anteriores y tal vez si se está en ganancia, cobrar una parte de la posición.

Resumiendo, hay seis casos en los que un operador debe evitar operar:

- Cuando no estás seguro de la operación que estás a punto de realizar

- Cuando estás bajo presión o particularmente nervioso
- Después de una serie consecutiva de pérdidas
- Después de una serie consecutiva de operaciones cerradas en beneficio
- Cuando no tienes ganas de comerciar
- Antes de la publicación de datos económicos importantes

10: *No comerciar solo*

Operar dentro de los mercados financieros despierta una gran emoción en los inversores, que ven segundo tras segundo, cambiar el capital que han puesto a disposición de sus inversiones, y cuanto más sustancial sea este capital, más inversiones serán importantes y más fuertes serán las emociones. El secreto de un operador exitoso no está oculto en su conocimiento del análisis técnico - que sin embargo juega un papel fundamental en la interpretación de los mercados financieros - sino en su habilidad para ser **el amo absoluto de las emociones** y la capacidad de controlarlas, independientemente de lo que suceda con su capital.

En el trading, las emociones oscilan entre la alegría incontrolable, el miedo, la ira, el desánimo y muchos otros que ya he enumerado en el capítulo anterior. Lo que quiero decir es cómo aligerar toda la carga emocional que el trading trae consigo. El secreto es NO COMERCIAR SOLO.

La soledad es uno de los peores sentimientos que se pueden experimentar, sin analizar todos los aspectos psicológicos que se derivan de este estado, solo decir que el TRADING EN SOLEDAD ES LETAL.

¿Por qué?

Las razones son principalmente dos:

- No puedes compartir. *¿Compartir qué?* Sentimientos positivos y negativos, porque no hay nadie con quien celebrar o despotricar, que pueda realmente entender tu estado de ánimo.

- No puedes comparar tu análisis con el de otros traders. En todas las cosas la comparación es fundamental porque da lugar a ideas y disipa los falsos mitos permitiendo también un cierto crecimiento personal. Lo bueno del trading no es ganar dinero en casa, sino hacer análisis y compartir los tuyos con otros para aprender, enseñar y mejorar.

¿Cómo no puedes estar solo en el trading?

Lo mejor que se puede hacer es definitivamente compartir esta pasión con un amigo o un miembro de la familia. *¿Y si ninguno de mis amigos quiere hacer un intercambio? ¿Y si somos dos, pero no tenemos experiencia?* Mi consejo es buscar un grupo de traders en línea, tal vez en algún sitio. En Italia hay muchos de ellos. Personalmente el que prefiero y uso, y donde también comparto mis operaciones es tradingview.com. En este sitio web encontrarás muchos traders con diferentes niveles de experiencia que comparten sus operaciones y análisis.

Una vez que ingreses a estos grupos te sentirás mucho más confiado porque podrás observar rutinariamente el funcionamiento de los traders experimentados, quienes compartirán sus análisis, órdenes, stops y ganancias contigo. Una recomendación que me gustaría darte es que evites convertirte en lo que yo llamo un **TRADER SANGUIJUELA.**

¿Qué es un trader sanguijuela?

El trader sanguijuela es un trader que descubre que copiando las operaciones de su colega más experimentado mejorará sus resultados, por lo que lentamente decide dejar de analizar los mercados, y todo lo que hace es ver videos y leer artículos de otros traders para copiar sus operaciones. Esto, a largo plazo, es perjudicial para el neófito, que nunca aprenderá a analizar los mercados financieros en primer lugar, y en segundo lugar, no tendrá ni idea de cómo gestionar el trading. Dicho esto, no estoy diciendo que nunca debas copiar una operación, pero antes de hacerlo te sugiero encarecidamente que busques el instrumento en tu plataforma de operaciones, analices el gráfico, evalúes si tu análisis coincide con el que has leído o visto, y única y exclusivamente si te das cuenta de que eres capaz de gestionar la operación, entonces podrás operar. También te recomiendo que participes activamente en los grupos de WhatsApp, en los sitios web, en los comentarios de otros análisis, porque solo así podrás ponerte en juego, evaluar tu nivel de profesionalidad, aprender de tus errores y convertirte en un operador de éxito.

Por último, me gustaría recordarte la importancia de ser el dueño de tu negocio de trading, porque aunque es un trabajo muy difícil que requiere sacrificios y sólo después de mucho esfuerzo, valdrá la pena, y te permitirá ser **LIBRE**.

Ahora seguramente estás pensando: ¡pero ya soy libre! Libre sí, no estás físicamente encarcelado, pero tu trabajo impone horarios fijos, obligaciones precisas, deberes y muchos, muchos sacrificios, que muy a menudo benefician a los demás. Es cierto que el trading requiere mucha disciplina, pero si quieres descansar una mañana, puedes hacerlo, como dijimos en el capítulo anterior, no es un trabajo de cantidad, sino de calidad. Si un día quieres pasar un tiempo de calidad con tu familia puedes hacerlo y no tienes que pedir permiso a nadie. Lo más importante es que con el trading, los sacrificios que haces, como las horas de estudio, se harán en tu beneficio, y todo lo que aprendas no te será arrebatado.

¿Debería entonces dejar mi trabajo para comerciar?

Si no te gusta tu trabajo y vas a trabajar sin ganas, por un mísero salario, esperando la jubilación, la respuesta es ABSOLUTAMENTE SÍ.

Por supuesto, no tienes que dejar abruptamente tu trabajo, pero tienes que dedicarte a comerciar lentamente, durante unos pocos **AÑOS**, en paralelo con tu trabajo, y solo cuando empiezas a ser un experto puedes deshacerte de un trabajo que no te satisface y que limita tu potencial.

El último consejo que me gustaría darte es que creas en ti mismo en que realmente quieres convertirte en un trader profesional y que no te rindas cuando tengas que enfrentarte a retos. De hecho, como dice Peter Lynch, famoso inversor de acciones.: *" Todo el mundo tiene la capacidad mental de invertir en el mercado de valores. Pero no todo el mundo tiene suficiente voluntad y agallas"*.

LAS 10 LEYES PARA CONTROLAR EL MERCADO

Esta página reescríbela y pégala junto al monitor, para que siempre recuerdes cómo tener un control total del mercado y de tus operaciones.

1: Siempre sigue la tendencia principal

2: Gana más de lo que pierdas

3: Los soportes y las resistencias son rangos de precios

4: Trabajo fácil, pocos indicadores

5: No anticiparse al mercado

6: Dividir la posición

7: Stop loss en el cierre de la vela y el stop loss de protección

8: Stop en el punto de equilibrio, incluso después de un beneficio

9: Quedarse quieto

10: No comerciar solo

Capítulo 4

El marketing comercial

4.1 Difusión comercial gracias al marketing

Hasta finales de los años noventa la mayor parte de las inversiones en los mercados financieros fueron hechas principalmente por los grandes bancos de inversión, mientras que los inversores privados representaban una parte muy pequeña en el panorama financiero mundial. La única posibilidad de abrir posiciones de compra o venta era llamar por teléfono al corredor o al banco, por lo que la comodidad de este mecanismo era mínima y no permitía que el trading se extendiera. Entre los principales problemas, es importante señalar:

- La dificultad de encontrar los precios en tiempo real, como resultado, los pocos operadores de los mercados nunca supieron exactamente qué precio tenía el instrumento financiero en ese preciso momento.
- No se disponía de instrumentos de análisis técnico, como indicadores o gráficos específicos, de modo que el único criterio de compra y venta de los valores era la noticia que se encontraba en los periódicos financieros.
- El retraso con el que una transacción de compra o venta fue confirmada al cliente por el banco. Este problema hacía imposible operar en los mercados financieros con estrategias de day trading o scalping.

Hoy en día, gracias a numerosos factores, la influencia de los bancos en los mercados se ha reducido considerablemente y la influencia de los pequeños inversores privados que pueden operar en los mercados financieros con un capital de unos pocos cientos de euros ha aumentado exponencialmente.
Esta difusión del trading en línea entre los pequeños inversores no ha sido inmediata, de hecho, ha aumentado gracias a las estrategias de comercialización adoptadas por los grandes corredores internacionales para aumentar sus clientes. Estas estrategias se basan en hacer creer a la gente que con el trading en línea se puede enriquecer rápidamente con unos pocos clics. De hecho, para tener éxito en los mercados financieros y ganar dinero, es necesario iniciar un estudio en profundidad, junto con el compromiso y la dedicación. Sin embargo, el target de los grandes corredores se ha logrado, lo que ha llevado a un aumento sin precedentes del número de traders en los mercados. Esto ha causado un aumento de la volatilidad en los mercados financieros porque la presencia de más inversores ha dado lugar a más transacciones y estas han causado más movimientos en los mercados. En lo que respecta al mercado de corredores, es muy competitivo, de hecho solo en Italia en 2017 se registró la presencia de 132 corredores en línea autorizados por la Consob, frente a 120 en 2016 y 118 en 2015. Con el fin de aumentar sus clientes, las distintas plataformas comerciales se basan en las siguientes estrategias de marketing:

- Publicidad en línea: Permite llegar al público en general que navega por Internet y permite al espectador entender inmediatamente cómo funciona el trading en línea.

- Patrocinadores: Los principales corredores en línea tienen contratos de asociación con los principales clubes de fútbol para poner su marca en las camisetas de los jugadores. No es coincidencia que el fútbol haya sido elegido como el deporte más popular del mundo, permitiéndole llegar al mayor número de usuarios posible.
- Llamadas telefónicas de negocios: Se utiliza una vez que los más curiosos se han registrado en la plataforma para crear inmediatamente un vínculo con el cliente y proporcionarles las principales instrucciones para abrir una cuenta real.
- Bono de bienvenida: Algunos corredores para aumentar el interés del público ofrecen un bono de bienvenida que oscila entre 25 y 50 euros a los nuevos usuarios que hayan completado el registro. Esta práctica se utilizó hasta 2017, después de lo cual se emitieron algunas regulaciones internacionales por lo que ya no es posible que las plataformas ofrezcan este servicio.
- Servicios de consultoría: Estos son proporcionados solo por unos pocos corredores y consisten en intercambios de información entre operadores de plataformas y pequeños inversores. Este servicio puede parecer práctico, de hecho para un trader novato es incluso perjudicial, porque solo él conoce su apetito de riesgo y su nivel financiero. Además, confiando en los consejos de otras personas, el pequeño inversor no podrá crear su propia estrategia operativa y, por consiguiente, nunca enriquecerá sus conocimientos.

El uso de esas estrategias muestra importantes resultados en el mercado de los corredores en línea, aunque la alta competitividad presente está llevando a las diversas plataformas a técnicas de comercialización cada vez más agresivas, que corren el riesgo de crear en la mente del público la idea de que el trading en línea es solo una herramienta para sacar dinero a la gente, comparándolo cada vez más con las apuestas de los casinos.

4.2 Apalancamiento

Una de las razones que permitieron que el trading se extendiera rápidamente y creara en la mente de los traders la idea de una herramienta para enriquecerse rápidamente es sin duda el apalancamiento. Se puede definir tanto como una herramienta para mejorar tus operaciones en los mercados y como una estrategia de marketing. Dados los efectos que genera, creo que es más apropiado incluirlo en este capítulo que en los anteriores.

A través del apalancamiento es posible invertir grandes cantidades de dinero con un capital reducido en su cuenta. Tomemos como ejemplo una plataforma de trading que ofrece un apalancamiento de 1:30 y un trader con un capital de solo 1000 euros, en el caso de que no haya apalancamiento si se invierten todos los 1000 euros y hay un cambio del 1% en el mercado, entonces el beneficio para el trader sería de 10 euros. Si, por el contrario, se aplica el apalancamiento a 1:30 y el trader decide invertir los 1000 euros, y hay un cambio del 1% en el mercado, entonces el beneficio para el trader sería de 300 euros, porque invertir esta cantidad con un apalancamiento de 1:30 es como si hubiera comprometido 30.000

euros. Es importante destacar que hay varios tipos de palancas financieras, que dependen tanto del tipo de corredor como del instrumento negociado, que suelen ser muy altas en el mercado de divisas, productos básicos e índices, mientras que son relativamente bajas en el mercado de valores. Van desde una palanca de 1:1 hasta palancas de 1:30, normalmente se utilizan palancas financieras intermedias siempre teniendo en cuenta la disponibilidad económica del inversor y su propensión al riesgo. Hasta julio de 2018, el apalancamiento máximo que se podía utilizar en determinados instrumentos financieros era de 1:300, pero se redujo tras la entrada en vigor de ciertas normas impuestas por la ESMA (Autoridad Europea de Valores y Mercados). En definitiva, cabe destacar que el apalancamiento es un arma de doble filo, ya que, aunque puede aumentar los beneficios, puede al mismo tiempo aumentar proporcionalmente las pérdidas. Refiriéndonos al ejemplo anterior, si el mercado hubiera registrado una pérdida del 1% y el trader hubiera invertido sus 1000 euros con un apalancamiento de 1:30, hubiera sufrido una pérdida de 300 euros, lo que le habría llevado a reducir drásticamente su cuenta de operaciones. Por esta razón es recomendable ser muy cuidadoso y cauteloso en la elección del apalancamiento porque puede traer gran satisfacción y grandes decepciones al mismo tiempo.

4.3 Nuevas tecnologías en el campo del análisis técnico

La gran difusión del trading financiero no solo se ha producido a través de las estrategias de comercialización, sino también gracias a la interacción de éstas con las nuevas tecnologías que han surgido en los últimos veinte años. En primer lugar, cabe destacar que la difusión de Internet ha permitido una gran movilidad en el intercambio de información y ha acelerado las transacciones en los mercados, permitiendo así a los operadores hacer uso de estrategias de day trading y scalping.

En segundo lugar, el desarrollo de plataformas en línea ha resuelto el problema de la búsqueda de precios en tiempo real, permitiendo la construcción de gráficos inmediatos listos para ser analizados por los posibles inversores. En tercer lugar, se ha creado a través de Internet la posibilidad de abrir una cuenta de operaciones en pocos minutos, lo que ha impulsado el proceso de difusión del fenómeno. Por último, gracias a la continua innovación de las plataformas de trading, es posible crear rápidamente indicadores y osciladores que, si se crearan manualmente, robarían horas de trabajo a los analistas.
Todas estas innovaciones han contribuido al fenómeno mundial llamado trading en línea, que está atravesando el período más dorado y rentable de su historia.

Capítulo 5

Casos reales

A continuación les presentaré algunos casos reales en los que aplicaré las 10 reglas para controlar el mercado, para mostrarles cómo, mediante el uso de estas precauciones, siempre se puede tener el control de lo que sucede en los mercados.

Caso Intesa Sanpaolo

Hagamos un análisis de las acciones de Intesa Sanpaolo

Imagen 5.1: Análisis de la tendencia e identificación de la zona de soporte de la Bolsa Intesa Sanpaolo

En el gráfico diario podemos ver que los precios, después de haber caído considerablemente durante el mes de mayo, rebotaron durante la primera quincena de junio, en una importante zona de soporte, alrededor del nivel

1,8125. A partir de aquí empezaron a subir. A través de estas consideraciones decido destacar todo el soporte en cuestión, y espero que los precios vuelvan a ese nivel para entender cómo se comportarán.

Personalmente espero una ruptura en el soporte, porque los precios se derivan de una tendencia bajista, pero no quiero dejar prejuicios como se ha visto en el curso del libro: “a los precios no les importa lo que yo piense”.

Creato con TradingView

Imagen 5.2: Entrada de la posición y definición del target

Entre el 12 y 13 de agosto los precios vuelven finalmente a mi zona de soporte y una vez que la golpean, empiezan con fuerza a subir dibujando una vela de alto volumen, lo que me informa que el soporte ha funcionado plenamente. Viendo cómo se ha comportado el título de cierre de mi soporte resuelvo al final del día, aproximadamente un cuarto de hora antes de que cierre el mercado, entrar en largo con stop loss al cierre de los precios bajo el lado bajo de mi rectángulo y stop loss protector al nivel de 1.7800, este último coincide con el uno por ciento de mi capital.

Mis targets son los soportes anteriores encontrados por los precios que ahora se han convertido en resistencias, específicamente los niveles son: 1.990, 2.0645 y 2.1190.

Imagen 5.3: Los precios alcanzaron mi primer target

En los días siguientes, las acciones se fortalecen y los precios alcanzan mi primer target, en este punto cierro el 35% de mi posición y muevo el stop del punto de equilibrio del stop loss, luego al nivel de 1.8885, para protegerme en caso de caídas repentinas.

Imagen 5.4: Los precios suben bruscamente y alcanzan todos los target fijados

A principios de septiembre los precios alcanzaron mi segundo target, por lo que cerré un 35% más de mi posición, permaneciendo en el mercado con solo el 30% de la posición que había abierto inicialmente. Después de sólo dos días las acciones alcanzan el nivel de 2.1190, así que cerré un 25% adicional de mi posición. En este caso decido dejar un 5% de la posición abierta a largo plazo porque creo en la compañía en la que he invertido, pero sigo manteniendo el stop loss del punto de equilibrio.

Caso S&P 500

Analicemos ahora un caso real del índice más importante del mundo, el S&P 500.

Imagen 5.5: El análisis de tendencias y la inmersión alcista en el Índice S&P 500

Estamos en el gráfico diario del índice, a primera vista nos damos cuenta inmediatamente de que estamos en una tendencia bajista ya que hay altos y bajos decrecientes. Esta tendencia sin embargo da la idea de poder detenerse cuando a finales de diciembre los precios crean una importante vela alcista que vino a lo largo de la anterior formando un importante patrón de reversión, el cual es la línea envolvente.

Imagen 5.6: Definición de un área de resistencia en el índice S&P 500

En los días siguientes los precios empiezan a subir, pero el cambio de tendencia que espero aún no se ha definido, por lo que identifico la resistencia más importante, que se encuentra entre 2620 y 2630 dólares. De acuerdo a como se comporten los precios en este nivel decidiré si entrar en la subida o estimar un cortocircuito, sin saberlo de antemano no hago suposiciones inútiles, simplemente espero y observo.

Imagen 5.7: Entrada ascendente en S&P 500 y definición de stops y target

Después de unas cuantas sesiones los precios rompen mi zona de resistencia al alza, ya era posible entrar al alza al cierre de la vela de ruptura, pero personalmente prefiero esperar el retroceso en el nuevo soporte, es decir, la resistencia que se ha roto, que se produce al cabo de un par de días y donde los precios dibujan una vela de indecisión/reversión. En consecuencia, al cierre del doji decido entrar en la subida con stop loss de protección hasta el nivel de 2580$ (1% de mi capital) y stop loss al cierre de los precios por debajo del lado inferior del rectángulo, que coincide con el mínimo del doji. Mis targets son 2815$ en primer lugar y luego 2937$.

Imagen 5.8: Los precios alcanzan los target establecidos

En los meses siguientes los precios siguen subiendo y alcanzo mi primer target en el área 2815$, una vez alcanzado decido transformar mi stop loss de protección en un stop loss de ruptura, también cierro el 60% de mi posición, ya que solo tengo dos targets y ya estoy posicionado en el mercado desde hace mucho tiempo. Por lo tanto, correré el 40% restante que alcanza mi target final después de unos dos meses.

Caso GBP/AUD

Analicemos una transacción de tipo de cambio GBP/AUD

Imagen 5.9: La formación de un triángulo descendente en el tipo de cambio GBP/AUD

En el gráfico diario observamos que los precios están dentro de un triángulo descendente compuesto por la línea de tendencia bajista y la zona de soporte alrededor del nivel 1.81300. Considerando esta situación, prefiero esperar para entender cómo se comportarán los precios, es decir, si romperán el soporte descendente, o la línea de tendencia ascendente.

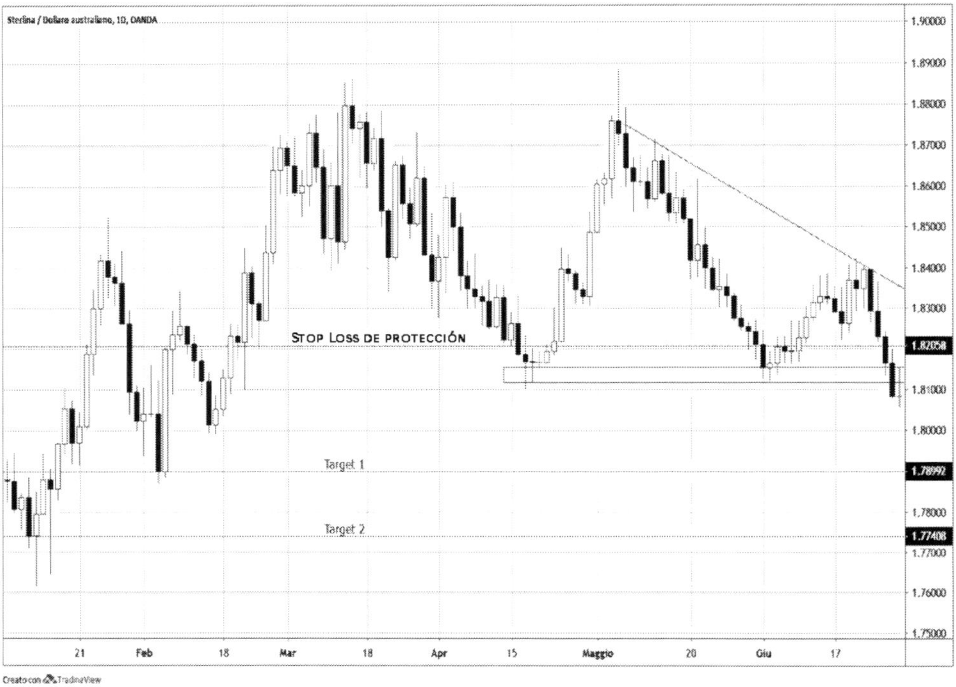

Imagen 5.10: Entrada de posición en el tipo de cambio GBP/AUD y definición de stop y target

Después de un par de días los precios se rompen a la baja en mi área de soporte y al día siguiente también se produce el retroceso en el soporte, así que al cierre del doji decido entrar en corto en la caja de cambios. El stop loss de protección lo coloco en 1.82058, mientras que el stop loss al cierre de los precios está por encima de la parte superior del rectángulo. Encuentro mis targets haciendo zoom en el gráfico y buscando viejos soportes que han funcionado en el pasado, en este caso identifico el nivel de 1.78992 como primer target y 1.7748 como segundo target.

Imagen 5.11: Los precios alcanzan los target establecidos

Después de solo 3 días de negociación los precios alcanzan mi primer target y por lo tanto cierro el 60% de mi posición y dejo que el 40% restante corra hasta mi target final, que se alcanza después de aproximadamente diez días. Pero en lo que me gustaría centrarme es en la vela del 1 de julio, resaltada por la elipse. Cuando se sacó la vela en cuestión yo ya estaba posicionado abajo en el tipo de cambio, ya que entré al cierre del doji, esto significa que el primero de julio sufrí en mi posición, de hecho, los precios de cierre estaban muy cerca de mi stop loss al cierre de los precios. En este caso cualquiera podría pensar: *mañana seguro que se lo llevará, saldré ahora.* Por suerte no pensé de esta manera, porque utilizo una estrategia muy precisa y la respeto con la disciplina necesaria, que es esencial para ser un trader exitoso.

En el trading, los errores, las pérdidas y los fracasos son la norma, ocurren todo el tiempo con una regularidad aterradora.
El arma más fuerte que una persona que quiere convertirse en un trader rentable posee es la perseverancia, porque solo cuando te rindes has perdido realmente.
Nada en este mundo puede reemplazar a la perseverancia: ni el talento, ni la astucia, ni la educación.
Solo la perseverancia y la determinación son omnipotentes, demostrando que nada te derrotará nunca, que puedes alcanzar tus objetivos, una mejor salud y un incesante flujo de energía.

Referencias

- Fanton S., *Lo zen la via del trader samurai*, Milano, Traderpedia book, 2016.
- Hagstrom R., *Il metodo Warren Buffet,* Milano, Hoelpli, 2014.
- Morris G., *Manuale di analisi candlestick*, Milano, Trading library, 2007.
- Murphy J., *Analisi tecnica dei mercati finanziari*, Milano, Hoelpli, 2002.
- Numerosi autori, *I consigli dei grandi trader*, Milano, Hoepli, 2016.
- Probo G., *La mente del trader*, Milano, Hoepli, 2014.
- Probo G., *Trading di profitto*, Milano, Hoepli, 2017.
- Probo G., *Trading operativo sul forex*, Milano, Hoepli, 2012.
- Weisz S., *Il day trading nel forex*, Milano, BookSprintEdizioni, 2014.

Made in the USA
Columbia, SC
24 November 2024

47471069R00089